*To you wavering in the face of life's hardships*

# 인생의 고난 앞에
# 흔들리는 당신에게

# 인생의 고난 앞에 흔들리는 당신에게

**김옥림** 지음

창작시대사

To you wavering in the face of life's hardships

prologue

# 원하는 인생을 살고 싶다면 자신에게 당당해져야 한다

자기계발동기부여가이자 인간관계를 위한 처세술의 대가이며 영원한 베스트셀러 《카네기 처세술How to Win Friend and Influence People》의 저자인 데일 카네기는 미국의 수많은 자기계발전문가 중에서도 독보적인 존재로 유명하다. 그가 자기계발전문가 중의 전문가가 될 수 있었던 것은 많은 미국 사람들은 물론 전 세계인들에게 인관관계의 중요성을 일깨워 능동적인 삶을 살아가는 데 막대한 영향을 끼쳤기 때문이다.

카네기는 자기계발동기부여가이자 강연자로서 최고의 자리에 오른 입지전적인 인물이다. 그가 인간관계 처세술의 대가가 되기 전에는 평범한 사람에 불과했다. 그는 워런스버그 주립 사범대학을 졸업하고 네브레스카에서 교사로 아이들을 가르쳤다.

그러던 어느 날 그는 교사로서 만족할 수 없다는 자신의 내면의 소리를 듣게 된다. 새로운 무언가에 도전해보고 싶은 욕망이 그의 마음을 사로잡았던 것이다. 그는 교사를 그만두고 소설가를 꿈꾸며 2년 동안 열심히 작품을 썼으나 출판사로부터 작가의 가능성이 없다는 말을 듣고는 그 즉시 작가의 길을 포기했다.

그러고 나서 그는 내가 지금 무엇을 해야 가장 잘할 수 있을지에 대해 생각하고 또 생각했다. 그는 오랜 생각 끝에 인간관계에 대해 연구하기 시작했다. 그는 자기만의 강의 계획서를 짜고 그에 맞는 콘텐츠를 발굴하는 등 치밀하게 연구한 끝에 자기만의 '처세술 전략 강의 노트'를 완성하였다.

그는 자신의 꿈을 펼치기 위해 노력했으나 무명이라는 이유로 대학들로부터 외면당하자 YMCA를 두드린 끝에 마침내 첫 강의를 시작했다. 그는 자신이 하고 싶었던 것인 만큼 최선을 다했다. 그 결과 놀라운 기적이 일어났다. 그의 강의를 들으려는 사람들로 넘쳐났던 것이다.

그는 카네기 연구소를 설립하고 '인간경영과 자기계발' 강좌를 개설하였다. 그 후 미국 캐나다를 비롯해 많은 나라에 카네기 연구소가 설립되었다. 마침내 그는 자신의 꿈을 현실로 이루며 대성공을 거뒀다.

카네기가 꿈을 이루고 원하는 인생을 살 수 있었던 것은 영화 〈에덴의 동쪽〉, 〈이유 없는 반항〉, 〈자이언트〉 등 단 세 편의 영화로 할리우드의 영원한 청춘스타가 된 제임스 딘 James B. Dean의 "평생 살 것처럼 꿈을 꾸어라. 그리고 내일 죽을 것처럼 오늘을 살아라"라는 말처럼 늘 꿈을 가슴에 품고, 그 어떤 고난에도 흔들리지 않고 평생 살 것처럼 꿈꾸고 내일 죽을 것처럼 오늘을 살았기 때문이다.

이 책에는 인간관계를 돈독히 하는 방법, 자신의 내면을 튼튼히 하는 방법, 배움에 대한 방법, 소통에 대한 방법, 말을 잘 하는 방법, 자존감을 극대화시키는 방법, 고통을 기쁨으로 바꾸는 능력을 기르는 방법, 즐거움에 적극 긍정하는 방법, 마음을 풍족하게 하는 방법, 상대에게 호감을 사는 방법, 진정성 있게 칭찬하는 방법, 가장 실속 있는 대화방법, 문제를 해결하는 최선의 방법, 유능한 리더가 되는 방법 등 세상의 모든 지혜가 담겨 있다.

그 지혜는 때론 나긋나긋하고 친절하게, 또 때론 강렬하지만 명쾌하게 그리고 때론 토닥이며 아프고 지친 마음을 위로해준다.

원하는 인생을 살고 싶은가? 그렇다면 무엇을 하든 자신에게 당당해야 한다. 자신에게 당당하면 스스로를 떳떳하게 생각할 뿐만 아니라 그 어떤 일에도 자신감을 잃지 않는다.

자신에게 당당하기 위해서는 스스로를 강하게 만들어야 한다. 자신에게 강하게 되면 자신감이 충만해지고, 매사에 의욕이 넘치고, 시련과 역경을 만나게 되더라도 능히 이겨내게 된다.

자신을 강하게 하기 위해서는 자신과의 싸움에서 자신을 이길 수 있어야 한다.

왜 그럴까. 자신을 이길 수 있어야만 강한 사람이 될 수 있기 때문이다. 이에 대해 《도덕경道德經》의 저자인 노자老子는 다음과 같이 말했다.

"남이 하는 일을 잘 알고 있는 사람은 똑똑한 사람이다. 자기 자신을 잘 알고 있는 사람은 그 이상으로 총명한 사람이다. 그리고 남을 설복시킬 수 있는 사람은 강한 사람이다. 그러나 자기 자신을 이겨내는 사람은 그 이상으로 강한 사람이다."

그렇다. 노자의 말에서 보듯 자기 자신을 이기는 사람이 제일 강하다.

자신을 이기기 위해서는 자신을 이기는 습관을 길러야 한다. 자신을 이기는 습관을 기르기 위해서는 첫째, 자신과의 약속을 철저히 지켜야 한다. 자신과의 약속을 잘 지키는 사람이 자신에게 강한 사람이다. 둘째, 무슨 일이든 최선을 다해야 한다. 최선을 다하는 자세가 자신을 강하게 만든다. 셋째, 자신의 허점을 감추지 말아야 한다. 허점을 감추는 사람은 절대로 강해질 수 없다. 넷째, 아홉 번 쓰러지면 열 번 일어나야 한다. 그 끈질긴 정신이 자신을 강하게 만든다. 다섯째, 항상 긍정적인 말과 행동을 해야 한다. 긍정하는 마음이 자신을 강하게 변화시킨다.

이 다섯 가지를 마음에 새겨 습관이 될 때까지 실행에 옮겨야 한다. 일단 몸에 배게 되면 자신을 강화시킴으로써 자신을 이기는 데 큰 도움이 될 것이다.

지극히 평범했지만 최고의 인간관계전문가가 된 데일 카네기,

최악의 순간에도 최고의 명장名將이 된 영국의 넬슨, 가난한 생활을 극복하고 애니메이션 분야의 최고가 된 월트 디즈니, 삼류 기자에서 탁월한 자기계발전문가가 된 나폴레온 힐, 가난의 고통을 극복하고 당대 최고의 시인이자 평론가가 된 영국의 새뮤얼 존슨, 미국 빈민가 출신으로 세계 복싱 역사상 최고의 선수가 된 무하마드 알리 등 이 책엔 최악의 조건 속에서도 자신의 분야에서 멋지게 성공을 이룬 사람들의 이야기가 흥미롭게 펼쳐져 있다.

이들이 하나같이 최악의 환경에서도 꿈을 이룰 수 있었던 것은 자신을 강하게 단련시켜 그 어떤 고난에도 흔들리지 않고, 평생 살 것처럼 꿈꾸고 내일 죽을 것처럼 오늘을 살았기 때문이다.

이 책을 한 장 한 장 펼칠 때마다 가슴이 뜨거워지며 나도 할 수 있다는 강한 확신에 사로잡히게 될 것이다. 가치 있고 행복하게 살기 위해 노력하는 분들과 자신의 꿈을 이루기 위해 고군분투하는 분들에게 이 책이 큰 용기와 희망이 되어주기를 간절히 바라며, 늘 행운이 함께하길 기원 드린다.

김옥림

## Contents

CHAPTER 2

## 모든 문제는 자신에게 있다



CHAPTER 3

## 힘으로는 부드럽고 연한 것을 이길 수 없다

CHAPTER 4

## 인생이라는 바다에서 살아남는 법



CHAPTER 5

## 자신에게 엄정하되 지나침을 조심하라

CHAPTER 6

## 인생은 자전거를 타는 것과 같다



CHAPTER 7

## 생각은 인생의 소금이다

CHAPTER 8

## 자신의 배를 빈 배로 만들 수 있다면



CHAPTER 9

## 배우고 또 배워라

CHAPTER 10

## 책을 읽는 사람이 알아야 할 세 가지

To you wavering in the face of life's hardships

CHAPTER 1

# 남을 이기려거든 먼저 자신부터 이겨라

001

# 자존감을 높여 자신을 극대화시키기

자존감이란 자신이 사랑받을 만한 가치가 있는 소중한 존재이고 어떤 성과를 이루어낼 만한 유능한 사람이라고 믿는 마음이다 - 윌리엄 제임스

미국의 심리학자로 근대 심리학의 창시자로 불리는 윌리엄 제임스William James는 자존감에 대해 이렇게 말했다.

"자존감이란 자신이 사랑받을 만한 가치가 있는 소중한 존재이고 어떤 성과를 이루어낼 만한 유능한 사람이라고 믿는 마음이다."

자존감은 자존심과 더불어 자신에 대한 '긍정'이라는 공통점을 갖지만, 좀 더 자세히 살펴본다면 있는 그대로의 모습에 대한 긍정과 경쟁 속에서의 긍정이라는 다른 의미를 지닌다.

자존감이 높다는 것은 자신에 대한 가치를 높이는 데 큰 힘으로 작용한다. 그래서 자존감이 강한 사람은 스스로를 존중하고 격려함으로써 자신을 가치 있는 사람으로 이끌어낸다. 그러나 자존감이 낮은 사람은 낮은 자존감으로 인해 자신에 대한 애착이 그만큼 낮다. 그런 까닭에 스스로를 존중하고 격려하는 데 익숙하지 못하다.

그러다 보니 자신을 가치 있는 사람으로 이끌어내는 데 미흡하다.

자존감이 낮은 사람이 자신을 가치 있는 사람으로 이끌어내기 위해서는 자존감을 높이는 노력이 필요하다. 자존감이 낮은 사람이라고 해서 가치 있는 인생으로 살아가지 못할 이유가 없다. 자존감이 낮은 사람들 중에도 가치 있는 인생으로 살기를 원하는 사람들이 있다.

이에 대해 정신과 의사인 캐런 호니Karen Horney는 "낮은 자존감은 과도하게 인정받기를 원하고 애정을 갈망하며, 개인적 성취에 대한 극단적인 열망을 표현하는 성격의 발달로 이어진다"고 주장하였다.

또한 오스트리아의 정신의학자이며 심리학자인 알프레트 아들러Alfred Adler에 따르면 "낮은 자존감은 그에 대한 보상으로 스스로 느끼는 열등감을 극복하기 위해 노력하고, 자신들의 강점과 재능을 발달시키기 위해 분투하게 한다"고 말했다.

캐런 호니나 알프레트 아들러의 말을 보더라도 자존감이 낮은 사람도 자신이 어떻게 하느냐에 따라 자신을 가치 있는 인생으로 살게 한다.

인간에게 있어 자존감이란 매우 중요하다. 이런 관점에서 볼 때 자존감은 그 사람의 생명성과 같다고 하겠다.

자존감을 기르기 위해서는 어떻게 해야 할까.

첫째, 매사를 긍정적으로 생각해야 한다. 둘째, 최악의 상황에 놓이게 될 수 있음을 마음에 새겨 언제나 자신의 가치를 존중해야 한다. 셋째, 부정적인 마인드는 쓰레기통에 버려야 한다. 넷째, 자신을 소중히 하고, 사랑하고 격려해야 한다. 다섯째, 자신을 지킬 수 있는 사람은 오직 자신뿐이라고 여겨야 한다. 여섯째, 사사로운 일에 마음을 쓰거나 집착하지 않아야 한다. 일곱째, 사람은 누구나 실패할 수 있다고 믿고, 실패를 패배라고 생각하지 않아야 한다.

이상 7가지를 마음에 새겨 실천할 수 있다면 어떤 상황에서도 자존감을 기를 수 있다. 그리고 그 자존감을 무기로 하여 새로운 꿈을 향해 도전할 수 있다.

자존감을 높여 자신을 극대화시켜라. 자존감을 높이는 만큼 자신의 인생도 그만큼의 가치를 획득하게 될 것이다.*

002

## 전력투구의 법칙, 진심을 다해 집중하라

의지가 있다면 무엇이든 가능하다. 실제 그것을 이룬 사람, 그렇게 된 자는 그것이 진실임을 알고 있다. 자신의 풍요로움을 깨달아라. 그리고 풍요가 이끄는 대로 충실히 움직여라.

– 프리드리히 니체

자신이 하는 일에 좋은 성과를 내는 사람과 그렇지 않은 사람과의 차이는 크게 두 가지로 생각해 볼 수 있다. 첫째는 일에 대한 실력의 차이, 둘째는 그 일에 진심을 다하느냐 하는 것이다. 이 두 가지가 조화롭게 작동할 때 좋은 성과를 내게 된다.

그런데 아무리 실력을 갖췄다고 해도 그 일에 진심을 다하지 않는다면 좋은 성과를 기대할 수 없다. 또한 실력도 실력이지만 그보다 더 중요한 것은 진심을 다하는 적극적인 자세이다. 자신의 에너지를 온통 쏟아 붓고, 성실하게 한눈을 팔지 않고 집중해서 전력을 다한다면 실력이 다소 떨어진다고 해도 좋은 성과를 낼 수 있다.

하지만 그것을 알고도 그렇게 하지 못하는 것은 일에 대한 열정과 추진력이 부족해서이다. 열정을 끌어올리고 추진력을 갖기 위해서는 자신이 하는 일에 대해 깊은 애정을 가져야 한다. 애정을 갖게 되면 내면 깊은 곳으로부터 에너지가 뿜어져 나오고, 반드시 그 일을 해 내겠다는 강한 의지가 발동하게 된다. 그러는 가운데 목표의식은 더욱 뚜렷해지고, 자신이 하는 일에 깊은 관심을 갖게 되는 것이다.

19세기 독일의 철학자이자 시인인 프리드리히 니체Friedrich Wilhelm Nietzsche는 종교와 도덕, 문화, 철학, 과학에 대한 비평을 썼으며, 경구aphorism에 대한 자신만의 생각을 잘 표현하였다. 그는 약관의 24세에 스위스 바젤 대학에서 교수로 고전철학을 가르치며 꾸준히 강연활동을 벌였다. 1872년 첫 작품 《비극의 탄생》을 발표하였으며, 그 후 대학을 그만두고 십여 년 동안 긴 방랑생활을 하면서도 꾸준히 집필활동을 하였다. 키에르케고르와 더불어 실존주의의 선구자적인 역할을 했으며, 자유주의, 힘의 논리 등의 마키아벨리즘, 권위주의, 반대주의 등에 대해 강력히 비판한 것으로 유명하다. 대표적인 작품으로 《차라투스트라는 이렇게 말했다》, 《인간적인 너무나 인간적인》 외 다수의 저서가 있다.

니체가 독일을 대표하는 철학자가 되고 작가가 될 수 있었던 것은 자신이 하고자 하는 일에 열정을 기울여 진심을 다했기 때문이지 그가 뛰어난 두뇌와 능력을 가졌기 때문만이 아니다. 그는 자신의 삶의 경험에서 얻은 깨달음을 다음과 같이 말했다.

"안타깝게도 너무도 많은 사람이 넘치도록 풍요로운 자신을 깨닫지 못한 채 살아간다. 우리는 무엇이든 될 수 있다. 또한 무엇이든 할 수 있다. 허무맹랑한 말이 아니라 완벽히 그 말 그대로 현실에서 '불가능해, 이 상황에서는 될 리가 없어'라고 말하는 것은 아직 게으른 마음이 남아 있기 때문이다. 무엇에든 진심을 다하지 못하기 때문이다. 그러나 의지가 있다면 무엇이든 가능하다. 실제 그것을 이룬 사람, 그렇게 된 자는 그것이 진실임을 알고 있다. 자신의 풍요로움을 깨달아라. 그리고 풍요가 이끄는 대로 충실히 움직여라."

니체의 말은 진심을 다하는 것이 얼마나 중요한지에 대해 잘 알게 한다. 진심을 다할 때 의지가 발동하게 되고, 열정을 다하게 됨으로써 좋은 결과를 얻게 된다.

지금의 자신이 무엇을 해야 할지 모르거나, 무엇을 하면서도 열정을 다하지 못한다면 '나는 반드시 이 일을 해내고야 말겠어'라고 진심을 다하는 마음을 가져야 한다. 그렇게만 할 수 있다면 열정과 강한 의지가 발동함으로써 좋은 성과를 내게 될 것이다.*

003

# 완성력完成力, 끝까지 해내는 힘

정말로 단단한 칼은 아무리 갈고 닦아도 얇아지지 않는다. 정말로 흰 것은 아무리 검은 물을 들여도 검어지지 않는다. 진정으로 확고한 마음에 품은 신념이란 바로 그런 것이다. 어떠한 유혹이나 역경 앞에서도 절대 흔들리지 않는다. -《논어》

어떤 일에 대한 결과를 내기 위해서는 끝까지 해내는 힘이 필요하다. 일을 하다 보면 예상했던 일과 다른 경우에 처하기도 하고 전혀 생각지 못했던 일을 만나기도 한다. 그럴 땐 당황스럽기도 하고 망설여지기도 하여 '일을 계속할 수 있을까?' 하는 의구심이 든다.

그러나 그렇다고 중도에서 포기하면 그 일을 두 번 다시는 할 수 없다. 포기하지 않고 끝까지 해내는 적극적인 자세를 갖는다면 길은 반드시 열리게 되는 게 삶의 법칙이다.

일을 성공적으로 해내지 못하는 원인은 외부적인 것에도 있지만, 자신의 문제가 더 크게 작용한다. 일을 끝까지 해내겠다는 의지가 부족하거나, 자신감이 결여되거나, 열정이 미치지 못하는 등 모든 면에서 힘이 미치지 못하기 때문이다. 끝까지 해내는 힘을 반드시 가져야 할 이유가 여기에 있는 것이다. 자신이 원하는 일을 성공적으로 이뤄내고 싶다면 끝까지 해내는 힘을 가져야 한다. 그렇지 않고서는 그 어떤 것도 결코 해낼 수 없다.

미국의 만화제작자이자 만화가인 월트 E. 디즈니Walter Elias Disney는 어린 시절 가난한 가정환경으로 학교에 다니지 못했다. 그는 그림 그리기에 관심을 보이며, 틈만 나면 석탄 조각으로 땅바닥에 농장의 가축들을 즐겨 그렸다. 특히, 생쥐를 주로 그렸다. 그림을 그릴 땐 가난도 잊을 수 있었고, 배고픔도 잊을 수 있어 그림 그릴 때가 어린 그에겐 유일한 즐거움이자 희망이었다.

청년이 된 디즈니는 광고 대행사에서 일하면서 영화 간판은 물론 카탈로그를 위한 그림들을 그리며 영화 제작에 필요한 기초적인 기술을 익혔다. 그는 만화영화에 관심을 갖기 시작했는데, 그가 생각하는 만화영화는 단순한 만화영화가 아니라 움직이는 만화영화였다.

1922년 디즈니는 '래프 오 그램'이라는 정식 회사를 설립하고, 단편 만화영화를 제작했다. 주인공을 '금발의 미녀와 곰 세 마리' 같은 동화이야기를 소재로 하였다. 하지만 안타깝게도 그의 피나는 노력에도 불구하고 흥행 결과는 너무도 참담했다. 첫 만화영화 제작에 실패한 디즈니는 크게 실망했지만 좌절하지 않았다. 그는 영화의 본고장인 할리우드로 가서 형 로이 디즈니와 '디즈니 브라더스'라는 애니메이션 스튜디오를 설립하고, 검은색 토끼 캐릭터

'오스왈드'를 만들어 유니버셜사를 통해 배급하여 크게 성공을 거두었다. 그 유명한 미키마우스도 이 시기에 만들어졌다.

누구나 알다시피 미키마우스는 생쥐를 캐릭터로 한 것으로써 지금도 전무후무한 만화 캐릭터로 평가받고 있는 만화 캐릭터의 전설이다. 미키마우스가 탄생된 데는 재미있는 일화가 있다.

어느 날 디즈니가 밤늦게 일하는데 생쥐 한 마리가 그의 눈에 띄었다. 그 순간 어린 시절 즐겨 그렸던 생쥐가 생각났다. '그래, 바로 이거야! 생쥐를 캐릭터로 해보는 거야.' 이렇게 생각한 디즈니는 생쥐를 그리기 시작했다. 그는 귀엽고 깜찍한 생쥐의 그림을 탄생시켰다. 그리고 미키마우스라는 이름을 붙였다. 그런데 놀랍게도 이 미키마우스가 그에게 엄청난 명예와 부를 가져다주었던 것이다.

이처럼 독창적인 창의력은 많은 부가가치를 지니고 있다. 그리고 이어 1933년 '아기 돼지 삼형제'가 만화영화로 만들어져 그에게 엄청난 부와 명성을 가져다주었다.

디즈니가 그린 캐릭터는 만화영화는 물론 의류와 문구류, 시계, 목걸이, 신발 등을 비롯해 다양한 분야에서 널리 사용되었고 지금도 변함없이 사랑받고 있다.

"나는 돈을 벌기 위해 영화를 만드는 것이 아니라, 영화를 만들기 위해 돈을 버는 것이다."

디즈니의 이 말엔 사업가로서가 아니라, 예술가로서 영회제작자로서의 긍지와 자부심이 잘 나타나 있다. 디즈니는 진실한 예술인의 존재가 무엇인지, 진정한 예술의 가치가 무엇인지를 잘 보여준 장인이었다.

"목표에 도달할 때까지 한 가지 일에 몰두하지 못하는 젊은이가 너무 많아 놀랍다. 처음 일에 달려들 때는 맹렬한 기세를 보이지만, 이를 악물고 끝까지 해내려는 근성이 너무나 부족하다. 쉽게 좌절해버리고 만다. 일이 잘 될 때는 그런대로 버티지만 그렇지 않을 때에는 쉽게 기죽고 만다. 자기보다 뛰어난 사람이 도와줘야만 겨우 용기를 내어 다시 시도해볼 따름이다. 이러니 독립심이나 독창성은 찾아보기 힘들다. 기껏 한다고 해봤자 그저 남들 하는 일을 따라하는 데 그친다. 대담하게 한발 앞서서 치고 나갈 용기가 없다."

이는 미국 장로교 목사인 시어도어 커일러가 끈기가 없어 자신이 하는 일을 끝까지 해내지 못하고 중도에서 포기하는 젊은이들에게 던지는 진심이 담긴 따뜻한 충고이다.

"정말로 단단한 칼은 아무리 갈고 닦아도 얇아지지 않는다. 정말로 흰 것은 아무리 검은 물을 들여도 검어지지 않는다. 진정으로 확고한 마음에 품은 신념이란 바로 그런 것이다. 어떠한 유혹이나 역경 앞에서도 절대 흔들리지 않는다."

이는 《논어論語》에 나오는 말로 확고한 신념이 한 사람의 인생에서 얼마나 중요한지를 잘 알게 한다.

디즈니가 인생의 승리자가 된 힘은 확고한 신념에서 온, 끝까지 해내는 힘이었다. 그가 끝까지 자신과의 싸움에서 이겼던 것처럼, 자신의 인생을 자신이 원하는 대로 살고 싶다면 확고한 신념을 가져야 한다. 그리고 그 신념을 바탕으로 끝까지 해내야 한다. 그것이 자신의 인생을 승리로 이끄는 최선의 법칙이다.*

004

## 마음을 풍족하게 하기

마음이 풍족하면 비록 누더기를 걸치고도 따뜻하게 생각하고 나물반찬으로 밥을 먹어도 맛있다고 한다. 인생을 즐기고 풍족하게 사는 점에서 이런 사람은 왕후보다도 풍족한 사람이다. -《채근담》

공부를 하든, 사업을 하든, 공직생활을 하든 그 무슨 일이든 마음자세는 매우 중요하다. 마음의 자세에 따라 일의 결과는 다르게 나타나기 때문이다. 마음의 자세는 그 사람의 인생에 등불과 같다. 마음의 자세가 바르면 그 어떤 상황에서도 흔들리지 않는다. 그러나 마음의 자세가 바르지 않으면 작은 일에도 전전긍긍하며 어찌할 줄을 몰라 한다.

여기서 말하는 바른 마음의 자세란 풍족한 마음을 갖고 있느냐 아니면 마음이 풍족하지 않느냐를 의미한다. 풍족한 마음이 한 사람의 인생에 미치는 영향이 지대한 것은 그것에 따라 그 사람의 인생의 빛깔이 달라지는 데 있다.

풍족한 마음을 갖게 되면 첫째, 사람들과의 관계를 매끄럽고 자연스럽게 이어갈 수 있다. 풍족한 마음은 마음의 여유를 갖게 하기 때문이다.

둘째, 사물에 대해 깊이 응시하고 관조하게 된다. 응시와 관조는 삶을 깊이 들여다보는 힘을 갖게 함으로써 새로운 진리를 터득하고 인생을 좀 더 의미 있게 살아가게 한다.

셋째, 풍족한 마음은 마음을 관대하게 하고, 관대한 마음은 사람과 사람 사이를 허물없이 만들어주며, 다소 실수가 따르는 일도 이해하는 배려심을 높여준다. 그런 까닭에 사람들과의 관계를 원만하게 함으로써 사람들로부터 좋은 평가를 받게 된다.

넷째, 삶의 여백을 즐길 줄 아는 센스를 갖게 하여, 조급함을 멀리하게 하고 일의 실수를 막아줌으로써 좋은 결과를 낳게 한다.

반면에 마음이 풍족하지 못하면 사람들과의 관계를 그르치게 되고, 통찰력이 부족해 삶을 깊이 있게 살피는 눈이 부족하게 된다. 또한 배려심이 부족하여 사람들과의 관계가 원만치 못하고, 매사에 조급하게 구는 관계로 실수가 많아 좋지 않은 결과를 낳곤 한다.

풍족한 마음이 인간에게 미치는 영향에 대해 《채근담採根譚》은 다음과 같이 말한다.

"욕심이 많은 사람은 돈을 주어도 돈보다 귀한 옥을 주지 않았다고 불만을 갖는다. 이러한 사람은 옥을 주면 그 수효가 적다고 탓할 것이다. 스스로 만족할 줄 모르는 사람에게는 무엇을 주나 늘 부족하다. 이것은 그 근성이 거지와 다름없다. 거지는 무엇을 주나 더 얻고 싶어 한다. 마음이 풍족하면 비록 누더기를 걸치고도 따뜻하게 생각하고 나물반찬으로 밥을 먹어도 맛있다고 한다. 인생을 즐기고 풍족하게 사는 점에서 이런 사람은 왕후보다도 풍족한 사람이다."

인생을 보다 즐기면서 가치 있게 살고 싶다면 풍족한 마음을 갖도록 노력해야 한다. 풍족한 마음을 갖추게 되면 그 어떤 상황에서도 상황을 탓하지 않고, 슬기롭게 대처하며 삶을 여유롭게 살아가게 된다. 또한 《명심보감 明心寶鑑》에서는 마음의 참 모습을 기르기 위해 가져야 할 자세에 대해 이렇게 말한다.

"고요한 곳에서 고요한 마음을 지키는 것은 참다운 고요함이 아니다. 소란한 가운데서 고요함을 지켜야만 심성의 참 경지를 얻으리라. 즐거운 가운데서 즐거운 마음을 지니는 것은 참다운 즐거움이 아니다. 괴로운 곳에서 즐거운 마음을 얻어야만 마음의 참모습을 볼 것이다."

그렇다. 마음의 참 모습은 소란한 가운데서 고요한 마음을 기르는 데 있다. 즉 자신의 주변에 주어진 환경을 탓하지 말고, 그것을 온 마음으로 끌어안아 극복할 수 있어야 한다. 그렇게 될 때 어떤 상황에서도 자신의 참 모습을 보이게 되고, 그로 인해 긍정적인 결과를 얻게 된다. 그리고 그러한 가운데 풍족한 마음을 갖게 되는 것이다. 마음을 풍족하게 하는 것, 그것은 자신의 인생을 풍요롭게 하는 최적화된 삶의 조건이자 요소이다.*

005

# 물과 같은 사람

무엇보다도 물 같이 행동하는 것이 필요하다. 방해물이 없으면 물은 흐른다. 둑이 있으면 머무른다. 둑을 치우면 또 흐르기 시작한다. 물은 이 같은 성질이 있기 때문에 가장 필요하며, 가장 힘이 강하다.

– 노자

물은 생명력을 지닌 자연의 존재이자 우주의 일원으로써, 인간과 살아 있는 모든 것들에게는 없어서는 안 되는 소중한 가치를 지녔다. 그런 만큼 물은 여러 가지의 특징적 요소를 지닌다.

첫째, 물은 부드럽다. 단단한 돌이나 쇠는 높은 데서 떨어지면 깨어지기 쉽다. 그러나 물은 아무리 높은 곳에서 떨어져도 깨어지는 법이 없다. 물은 모든 것에 대해서 부드럽고 연한 까닭인데, 물은 각기 다른 모양의 그릇에 담으면 그릇 모양 그대로의 모습을 한다. 이는 물이 한없이 부드럽기 때문이다.

둘째, 물은 순리를 거스르지 않고 적응력이 좋다. 물은 항상 높은 곳에서 낮은 곳으로 흐르고, 작은 틈이 있으면 틈으로 빠져 흐르고, 둑이 있으면 물이 찰 때까지 기다렸다가 둑을 타고 넘어 흐른다.

셋째, 물은 유익한 존재이다. 물은 사람에게도 꽃에게도 나무에게도 동물에게도 곡식에게도 귀한 생명수가 되어준다.

넷째, 물은 힘이 강하다. 물이 넘쳐나게 되면 둑을 무너뜨리고, 다리와 건물을 파괴하는 무서운 병기가 된다. 그런 까닭에 물은 불을 이긴다. 아무리 불이 거세도 물은 불을 제압할 만큼 힘이 강하다.

일찍이 노자老子는 물에 대해 이렇게 말했다.

"무엇보다도 물 같이 행동하는 것이 필요하다. 방해물이 없으면 물은 흐른다. 둑이 있으면 머무른다. 둑을 치우면 또 흐르기 시작한다. 물은 이 같은 성질이 있기 때문에 가장 필요하며, 가장 힘이 강하다."

노자의 말은 깊은 깨달음에서 얻은 성찰로써 물이 지닌 특징적 요소를 함축적으로 잘 보여준다.

물이 부드럽고 강한 것처럼, 그 무엇에도 적응을 잘 하고 순리를 좇는 것처럼, 살아 있는 모든 것에게 필요한 것처럼 누구에게나 필요한 존재가 되어야 한다. 그렇게만 될 수 있다면 부끄러움 없는 인생으로, 가치 있는 인생으로 살아가게 될 것이다.

물론 그렇게 되기 위해서는 많은 노력이 필요하다. 절제력도 길러야 하고, 인내심도 길러야 하고, 배려하는 마음과 양보하는 마음도 길러야 하고, 관용을 베풀 줄 아는 너그러운 마음도 길러야 하고, 순리를 거스르지 않는 마음도 길러야 하고, 고난과 역경을 두려워하지 않고 뛰어넘는 마음도 길러야 한다.

그러기 위해서는 몸과 마음을 강하게 단련시켜야 한다. 날마다 자신을 돌아봄으로써 몸과 마음을 깨끗하게 하고, 풍부한 독서를 통해 지식과 지혜를 기르고, 건강한 육체에 건전한 정신이 깃들듯 심신을 수련하는 시간을 가짐으로써 심신을 강화시켜야 한다.

이런 마음을 지니게 되면 자신을 이길 수 있는 강력한 에너지를 갖게 됨으로써 물과 같은 사람, 물같이 행동하는 사람이 될 수 있다.

물과 같은 사람, 물같이 행동하는 사람, 그 사람이 바로 참된 인생의 승리자이다.*

006

## 희망으로 가득 찬 사람을 곁에 두기

희망으로 가득 찬 사람과 교류하라. 창조적이고 낙관적인 사람과 소통하라. 긍정적이고 능동적으로 행동하라. 그리고 그런 사람을 자신의 주변에 배치하라. - 노만 V. 피일

근묵자흑近墨者黑근주자적近朱者赤이라는 말이 있다. 먹을 가까이하면 검게 되고, 붉은 것을 가까이하면 붉게 된다는 말로 누구와 어울리느냐에 따라 삶에 영향을 받게 된다는 의미이다. 즉 환경의 중요성을 경계하여 이르는 말이다.

환경의 중요성은 영국의 생물학자인 찰스다윈Charles Darwin의 《종의 기원》에서 증명된 바 있다. 이른바 진화론이 그것인데 모든 생물은 환경에 영향을 받는다는 것이다. 환경에 적응하면 살아남고, 적응하지 못하면 도태된다는 것이 진화론의 핵심이다.

물론 이는 생물학적인 관점에서 본 환경이 생물에 미치는 영향에 대한 학설이지만, 인간의 삶에 있어 주변 사람들과 주변 환경이 각 사람의 삶에 미치는 영향이 절대적이라는 사실 또한 증명된 만큼 환경의 중요성이 절대적이라는 걸 알 수 있다.

맹모삼천지교孟母三遷之敎라는 말이 그것을 잘 말해준다. 맹자의 어머니는 홀로 자식을 잘 키우려는 열망에 세 번이나 이사했음을 이르는 말이다. 그의 어머니가 첫 번째 이사한 곳은 묘지 인근 마을이었는데 어린 맹자가 그것을 흉내 내자 시장 인근으로 이사를 하였다. 그런데 어린 맹자가 이번엔 장사꾼들을 흉내 내자 서당 근처로 이사를 하였다. 그러자 어린 자식은 공부하는 모습을 보고 자신 또한 열심히 공부하였다고 한다. 맹자는 열심히 공부한 끝에 학자로 크게 성공하였다. 그래서 생긴 말이 맹모삼천지교이다.

목사이자 자기계발동기부여가인 노만 빈센트 필Norman Vincent Peale 박사 또한 환경의 중요성에 대해 다음과 같이 말했다.

"희망으로 가득 찬 사람과 교류하라. 창조적이고 낙관적인 사람과 소통하라. 긍정적이고 능동적으로 행동하라. 그리고 그런 사람을 자신의 주변에 배치하라."

피일 박사의 말은 매우 실체적이고 현실적이다. 그렇다. 희망으로 가득 찬 사람과의 교류는 자신을 희망적이게 한다. 희망으로 가득 찬 사람은 긍정적인 에너지가 넘친다. 그래서 그 사람의 긍정 에너지를 받기 때문에 모든 것을 희망적으로 바라보게 된다.

그러나 부정적인 생각으로 가득 찬 사람과의 교류는 자신을 부정적인 사람으로 만든다. 매사에 부정적인 사람은 나쁜 에너지가 넘쳐 그 부정적인 에너지를 받기 때문에 모든 것을 부정적으로 바라보게 된다.

사람은 누구를 만나느냐에 따라 인생이 달라진다. 잘 되고 싶다면 희망적인 사람들과 교류하고, 창조적이고 낙관적인 사람들과 어울려야 한다.*

007

## 남을 이기려거든 먼저 자신부터 이겨라

남을 이기려는 자는 반드시 자신을 이겨야 한다.
-《여씨춘추》

"남을 이기려는 자는 반드시 자신을 이겨야 한다."

제자백가 중 잡가雜家의 대표적인 책이자 일종의 백과사전인 《여씨춘추呂氏春秋》에 나오는 말로 자신을 이기는 자만이 남을 이길 수 있음을 말한다. 자신을 이기는 것이 쉽지 않듯 남을 이기는 것은 더더욱 쉽지 않다. 하지만 자신을 이기는 자는 남을 이길 수 있다.

자신을 이기기 위해서는 자신을 극복할 수 있어야 한다. 스스로를 통제하고 절제할 수 있어야 하며, 물질적인 것이든 감정적인 것이든 어떤 어려움도 이겨낼 수 있어야 한다.

이에 대해 스위스의 철학자이자 사상가이며 수상록 《잠 못 이루는 밤을 위하여》의 저자인 칼 힐티Karl Hilty는 다음과 같이 말했다.

"사람은 먼저 자기 자신을 통솔할 수 있어야 한다. 자기 하나 통솔하지 못하고 어떻게 남을 통솔하겠는가. 노여움과 격렬하고 폭발적인 감정은 모두 자기를 통솔하지 못한 증거이다. 사람은 남한테 저항하기보다 먼저 자신에게 저항해야 한다. 나 자신을 극복하는 것이 남에게 이기는 것이다."

또한 고대 그리스의 위대한 철학자이자 아카데미를 설립한 플라톤Platon은 이렇게 말했다.

"자기 자신을 이기는 것은 승리 중에서도 최대의 것이다."

플라톤의 말처럼 자신을 이기는 것은 승리 중에서도 최대의 승리이다. 그만큼 자기 자신을 이긴다는 것이 어렵다는 것을 뜻한다.

영국의 명장名將 제독 넬슨Nelson은 어린 시절 집안형편이 가난하여 어머니가 세상을 떠나자 해군 대령인 외삼촌에 의해 해군에 입대하였다. 처음 얼마 동안은 북극 탐사의 어려움을 겪었으며 첫 번째 전투를 치르던 중 말라리아에 걸려 고통을 겪었다. 하지만 18세에 대위 시험에 합격하고 적극적인 마인드로 대망의 꿈을 품고 최선을 다해 주어진 임무를 해나갔다. 약관의 20세에 함장이 되었지만 시련을 겪기도 했다.

그 후 스페인 함대를 물리치고 소장으로 승진하였으며 백작 작위를 받았다. 그러나 전쟁으로 한쪽 팔을 잃었다. 하지만 그는 더 강해졌고, 하는 전쟁마다 승리로 이끌었으며 특히 트라팔가르 해전에서 나폴레옹 군대를 격파하여 이름을 크게 떨쳤다. 그가 훌륭한 제독으로 존경받는 것은 부하 지휘관들에게 독창적인 전술을 가르쳤고, 부하들을 인격적으로 대해준 그의 높은 품격 때문이었다. 넬슨은 최악의 조건에서도 자신을 극복한 끝에 영국의 위대한 영웅이 되었다.

자신을 이기기 위해서는 첫째, 견인불발堅忍不拔 즉 참고 견디어 흔들리지 않아야 하고 둘째, 강의목눌剛毅木訥 즉 의지가 굳어 무슨 일에도 굴하지 않아야 하고 셋째, 대담부적大膽不適 즉 대담하여 두려워하지 않고 적을 두지 않아야 하고 넷째, 백절불요百折不撓 즉 의지가 굳어 무슨 일에도 굴하지 않아야 한다.

이 네 가지를 마음에 새겨 실천하면 자기 자신을 이길 수 있는 힘을 기를 수 있다. 자신을 이기는 것, 그것은 모두를 이기는 것이다.*

008

# 어두운 마음을 몸으로부터 떨쳐내기

마음이 어둡고 심란할 때 가다듬을 줄 알아야 하고, 마음이 긴장하고 딱딱할 때는 풀어버릴 줄 알아야 한다. 그렇지 못하면 어두운 마음을 고칠지라도 흔들리는 마음에 다시 병들기 쉽다. -《채근담》

마음이 밝고 유쾌하면 모든 것을 긍정적으로 바라보게 된다. 밝고 유쾌한 마음 속에 마그마처럼 뜨거운 긍정의 에너지가 끓어오르기 때문이다. 밝은 마음 유쾌한 마음은 천성적으로 타고나는 것이지만, 노력으로도 얼마든지 만들 수 있다.

문제는 어두운 마음이다. 어두운 마음 속엔 부정적인 에너지가 가득 차 있어 그 어떤 것을 한다고 해도 좋은 성과를 내기가 어렵다. 칙칙하고 우중충한 마음이 충분히 할 수 있는 것도 못하게 막아버리기 때문이다. 어두운 마음은 자신에게도 사람들에게도 불쾌감을 주고 믿지 못하게 만든다.

"마음이 어둡고 심란할 때 가다듬을 줄 알아야 하고, 마음이 긴장하고 딱딱할 때는 풀어버릴 줄 알아야 한다. 그렇지 못하면 어두운 마음을 고칠지라도 흔들리는 마음에 다시 병들기 쉽다."

《채근담採根譚》에 나오는 말로 어두운 마음이 사람에게 미치는 부정적인 영향에 대해 잘 알게 한다. 그런 까닭에 어두운 마음을 몸으로부터 떨쳐내야 한다.

어두운 마음을 몸으로부터 떨쳐내기 위해서는 어떻게 해야 할까?

첫째, 무슨 일이든 긍정적으로 생각해야 한다. 그런데 사람들은 긍정적인 생각보다는 부정적인 생각을 몇 배나 더 많이 한다고 한다. 이에 대해 미국의 심리학자인 쉐드 헴스테드는 이렇게 말했다.

"사람들은 하루에 약 5만에서 6만 가지의 생각을 한다. 그런데 문제는 그 생각 중 85퍼센트가 부정적인 생각이며, 15퍼센트만 긍정적인 생각이다. 사람들은 하루의 대부분을 부정적인 생각과 싸우면서 살아가고 있다."

참으로 놀라운 일이 아닐 수 없다. 사람의 마음을 어둡고 칙칙하게 하는 부정적인 생각을 몰아내기 위해 긍정의 에너지로 가득 채워야 한다. 둘째, 근심 걱정을 줄여야 한다. 걱정을 하게 되면 심리적으로 위축이 되어 마음이 어두워질 수밖에 없다. 걱정을 줄이기 위해서는 낙관하는 마음을 가져야 한다. 사람들이 하는 걱정은 대개 안 해도 될 걱정을 사서 한다는 데 문제가 있다.

"우리가 하는 걱정의 40퍼센트는 절대 현실에서 일어나지 않는 일에 대한 것이고, 30퍼센트는 이미 일어난 일에 대한 것이고, 22

퍼센트는 사소한 일에 대한 것이며, 4퍼센트는 우리 힘으로 바꿀 수 있는 일이다."

이는 미국의 심리학자이자 《느리게 사는 즐거움》의 저자인 어니 젤린스키Ernie J. Zelinski가 한 말로 사람들이 하는 걱정이 얼마나 무모하고 가치가 없는 것인지를 잘 알 수 있다. 사서 하는 걱정, 쓸데없는 걱정 등 불필요한 걱정을 떨쳐버리도록 해야 한다.

셋째, 무슨 일이든 즐겁게 하는 마음을 갖는 것이 중요하다. 어차피 할 일이라면 인상을 쓰고 시큰둥해봤자 소용이 없다. 그렇다고 안 할 일도 아니니까. 같은 일도 즐거운 마음으로 하면 더 능률적이어서 좋은 결과를 내게 되므로 즐거운 마음은 배가 된다.

"자신이 하는 일이 즐거워지도록 노력하라. 그렇게만 할 수 있다면 일이 힘든 것이 아니라 즐거운 것이 될 것이다. 따라서 그 일을 바꿀 필요가 없어질 것이다. 자신을 변화시켜라. 그렇게 하면 자신의 일이 새롭게 보일 것이다."

자기계발동기부여가이자 베스트셀러 작가인 노만 빈센트 필 박사의 말이다. 즐거운 마음을 갖고 즐겁게 일하는 것이 얼마나 자신을 새롭게 변화시키는지를 잘 알게 한다. 그렇다. 어두운 마음을 몸으로부터 떨쳐내는 세 가지 방법을 실천함으로써 우울한 마음, 걱정하는 마음, 짜증 섞인 마음 등 우중충하고 어두운 마음을 몰아내야 한다. 그렇게 함으로써 밝고 명랑한 마음을 기를 수 있어 밝고 맑은 햇살처럼 맑고 밝은 마음으로 자신을 행복하게 할 수 있다.*

009

## 성공의 근원, 마음의 힘 기르기

일단 하나의 인생길에 헌신하기로 결심을 하면 세상에서 가장 강력한 힘의 후원을 받는 셈이다. 우리는 그것을 '마음의 힘'이라고 부른다.

\- 빈스 롬바르디

건강한 사람은 육체만이 건강해서는 아니다. 마음정신과 육체가 건강해야 진정으로 건강한 사람이다. 육체가 건강한 사람도 마음이 약하면 온전히 건강하지 못하고, 마음이 건강한 사람도 육체가 약하면 온전히 건강하지 못하기 때문이다.

육체가 나무의 가지와 줄기라면, 마음은 나무를 튼튼하게 받치고 영양분과 물을 공급하는 뿌리라고 할 수 있다. 특히 마음을 강하게 하는 것이 무엇보다 중요하다. 마음이 강해야 생각을 강화시킬 수 있고, 어떤 어려움과 고난도 극복할 수 있다.

"일단 하나의 인생길에 헌신하기로 결심을 하면 세상에서 가장 강력한 힘의 후원을 받는 셈이다. 우리는 그것을 '마음의 힘'이라고 부른다. 일단 이와 같은 헌신을 하면 그 무엇도 성공에 이르는 것을 막을 수 없다."

이는 미국의 풋볼 감독인 빈스 롬바르디Vince Lombardi가 한 말로 성공에 이르게 하는 것의 요인이 '마음'에 있음을 잘 알게 한다.

롬바르디는 승률 10%가 안 되는 그린베이 패커스 팀을 맡아 9년 동안 6번의 슈퍼볼에 진출하여 5번을 우승으로 이끈 미국 풋볼 사상 가장 위대한 헤드코치로 평가받는다. 그는 1959년 NFL 올해의 감독상AP/UPI 선정, 1961년 NFL 올해의 감독상스포팅 뉴스 선정을 수상하였다. 그를 기려 슈퍼볼 우승 트로피 이름을 '빈스 롬바르디 트로피'라고 한 것은 그가 미국 풋볼에 끼친 영향을 잘 알게 한다.

그가 미국 풋볼의 전설이 될 수 있었던 것은 그의 강한 마음의 의지에 있다. 그는 마음을 강화시켜야 자신의 모든 것을 극복할 수 있다고 믿었으며, 자신의 신념과 의지를 굳건히 함으로써 NFL의 역사에 가장 위대한 인물이 되었다.

"쓰러지는 것보다 중요한 것은 다시 일어서는 것이다."

"연습했다고 반드시 완벽하게 되는 것은 아니다. 완벽한 연습을 했을 때만 완벽하게 된다."

"모든 것을 쏟아 부어야 한다. 그리고 내게 남은 것이 단 하나도 없어야 한다. 우리에게 승리가 제일 중요한 것이 아니다. 우리에게는 오직 승리만이 있을 뿐이다."

이는 롬바르디가 한 말로 마음의 중요성에 대한 그의 철학을 잘 알게 한다.

자신의 인생을 자신이 원하는 대로 살기 위해서는 마음을 다스릴 수 있어야 한다. 그렇게 해야 마음을 자신이 원하는 대로 조절할 수 있다. 자신의 마음을 조절하게 되면 '마음의 열매' 즉 자신이 원하는 삶을 이루는 데 큰 도움이 된다.

이에 대해 미국의 심리학자인 바바라 골든은 이렇게 말했다.

"우리가 일상적으로 사용하는 말은 생각보다 훨씬 깊은 의미를 갖는다. '열매'라는 단어는 식물이 자라 열리는 결과물을 뜻하지만 우리가 쏟는 노력의 대가로 해석되기도 한다. 또한 '생산'이라는 말도 필요한 물건을 만들어낸다는 의미지만 보이지 않는 가치를 창조해낼 때도 쓰인다. 하지만 이런 단어를 떠올릴 때 정작 당신은 얼마나 깊게 의미를 해석하는가? 지금 당신의 마음속에는 열매를 위한 생산의 과정이 일어나고 있는가? 노력의 열매를 수확할 수 있는 자신만의 방법을 찾고, 그 방법을 통해 자신과 세상을 풍성하게 하라. 마음의 열매를 수확할 때 느끼는 충만감은 밥을 먹어서 배가 부른 것과는 비교도 안 될 만큼 커다란 만족감을 안겨줄 것이다."

바바라 골든의 말처럼 자신이 바라는 노력의 대가를 받기 위해서는 마음을 강화시키고, 끝까지 힘을 다해야 한다. 마음이 육체보다 더 강해야 하고, 마음을 더 강화시켜야 하는 이유가 여기에 있는 것이다.*

010

## 즐거움에 적극 긍정하는 자가 돼라

> 인생이 제공하는 모든 것과 함께 자신의 인생을 즐겨라. 행복뿐만 아니라, 슬픔도 즐겨라. 성공뿐만 아니라, 실패도 즐겨라. 새로운 관계뿐만 아니라, 이별도 즐겨라. 즐겁지 않은 삶의 교훈조차 즐겨라. - 드라고스 로우아

마음이 즐거우면 몸도 날아갈 듯 가볍고, 정신도 맑고 두뇌 회전도 빠르다. 마음이 즐거우면 엔도르핀이 분비되어 신진대사를 원활하게 해주기 때문이다. 그러나 마음이 우울하고 즐겁지 않으면 몸도 무겁고, 정신도 흐릿하여 멍한 기분에 사로잡힌다. 이런 마음으로는 무엇을 하든 좋은 결과를 낼 수 없다. 그런 까닭에 늘 마음을 즐겁게 해야 한다.

이에 대해 혹자는 "기분 좋은 일이 있어야 마음이 즐겁지요?" 하고 말할 것이다. 옳은 말이다. 기분이 좋으면 자연적으로 마음이 즐겁기 때문이다. 하지만 같은 상황에서도 즐거운 마음을 갖는 것이 중요하다. 가령 마음이 불편한 상황에 놓여 있다고 했을 때 어떤 사람은 자신의 감정을 숨기지 못하고 불편한 심기를 드러내 자신은 물론 주변 사람들을 불편하게 만든다. 그러나 또 다른 어떤

사람은 상황을 긍정적으로 받아들여 자신은 물론 주변 사람들에게도 불편한 상황을 극복하게 만든다.

첫 번째 사람은 부정적인 자아를 지닌 사람으로, 자신에게 불편하고 기분 나쁜 상황에 놓이게 되면 매사에 그런 식으로 대하는 스타일이다. 이런 사람은 부정적인 자아로 인해 즐거움을 맘껏 누리지 못한다. 그러다 보니 자신이 하는 일에도 부정적인 영향을 끼치게 된다. 그러나 두 번째 사람은 긍정적인 자아를 지닌 사람으로, 자신이 불편하고 기분 나쁜 상황에 처하게 돼도 긍정적인 자아로 인해 대수롭지 않게 생각하고 상황을 반전시키려고 한다. 이러한 긍정적인 자아로 대처하다 보니 나쁜 상황으로 치닫던 일도 아무렇지도 않게 마무리를 지음은 물론 긍정적인 결과를 이끌어내기도 한다.

이처럼 즐거움에 적극 긍정하는 자세는 기분 나쁜 일도 아무렇지도 않게 하고 상황을 반전시키는 긍정적인 결과를 낳게 한다.

"즐겨라. 어떠한 상황에서도 즐거움을 끌어내라. 심지어 나쁜 상황에서도, 아니 특히 나쁜 상황에 처했을 때 즐거움을 끌어내라. 즐거움은 어디에나 있다. 스스로를 통해 즐거움이 발현되도록 해야 한다. 즐거움에 저항하거나 거부하지 말라. 큰 슬픔에 처해도 즐거움을 위한 여유는 있다. 살아 있지 않다면 슬픔 또한 경험할 수 없지 않겠는가? 인생이 제공하는 모든 것과 함께 자신의 인생을 즐겨라. 행복뿐만 아니라, 슬픔도 즐겨라. 성공뿐만 아니라, 실패도 즐겨라. 새로운 관계뿐만 아니라, 이별도 즐겨라. 즐겁지 않은 삶의 교훈조차 즐겨라."

이는 《오늘 변화를 이끄는 100가지 마법》의 저자이자 파워 블로거인 드라고스 로우아Dragos Roua가 한 말로 즐거움에 적극 긍정적으로 대처하는 것이 즐거운 인생을 살아가는 데 얼마나 도움이 되는지를 잘 보여준다.

드라고스 로우아의 말은 미국의 저명한 심리학자인 윌리엄 제임스의 "행복해서 웃는 것이 아니라 웃어서 행복한 것이다"라는 말과 일맥상통한다고 하겠다.

그렇다. 살다 보면 어떻게 행복한 일만 있을까. 행복해서 웃는다면 웃을 일이 그렇게 많지 않다. 그러나 웃으니까 행복하다면 문제는 달라진다. 웃으니까 행복하다는 윌리엄 제임스의 말은 그래서 더욱 설득력을 지닌다는 걸 알 수 있다.

세상을 살다 보면 즐거운 일도 만나게 되고, 기분 나쁜 일도 만나게 된다. 즐거운 일만 만나면 문제는 없겠으나, 나쁜 일을 만나면 그 자체가 스트레스가 되고 삶에 걸림돌이 된다. 그러면 어떻게 해야 하는지는 명약관화하다. 항상 즐거움에 적극 긍정하는 자가 되어야 한다. 그것이 곧 자신을 잘되게 하는 일이며 인생을 즐겁게 하는 일이다.*

To you wavering in the face of life's hardships

CHAPTER 2

# 모든 문제는 자신에게 있다

011

## 할 수 있는 한, 최선의 최선을 다하기

당신이 할 수 있는 모든 사람들에게 당신이 할 수 있는 한 오래오래, 할 수 있는 한 최선을 다하라.
- 존 웨슬리

사람들은 크게 세 가지 부류로 나눌 수 있다. 첫째는 같은 상황에서도 묵묵히 최선을 다하는 사람, 둘째는 이러고저러고 투덜거리며 하는 사람, 셋째는 투덜거리며 불평만 일삼고 하지 않는 사람이다.

자신의 일에 최선을 다하는 사람은 자신에게 주어진 불리한 환경에도 타박하지 않는다. 그것은 아무 소용없는 일이라는 걸 잘 알기 때문이다. 그래서 이런 부류의 사람은 불평하는 시간에 불리한 환경을 극복하기 위해 최선의 최선을 다한다. 그리고 마침내 자신이 하는 일을 성공적으로 이끌어낸다.

자신에게 주어진 상황에 대해 이러쿵저러쿵 불만을 터트리면서도 자신의 일을 해나가는 사람은 좋은 결과를 내지는 못해도 그런대로 일을 해내는 편이다. 이런 부류의 사람은 주어진 환경에 대해 불평하는 대신 긍정적으로 대처해나가면 충분히 좋은 결과를 이뤄낼 수 있다.

자신에게 주어진 상황에 대해 투덜거리며 불평만 일삼고 행하지 않는 사람은 그 어떤 결과도 내지 못한다. 이런 부류의 사람은 부정적인 자아로 인해 마이너스 인생을 살 수밖에 없다. 마이너스 인생을 산다는 것은 스스로를 불행의 우물에 빠트리는 것과 같다.

자신의 인생을 자신이 원하는 대로 살기 위해서는 그 어떤 상황에서도 최선을 다해야 한다. 그런데 최선을 다했음에도 만족한 결과를 얻지 못할 땐 최선의 최선을 다해야 한다.

"할 수 있는 한 최선을 다하라. 당신이 할 수 있는 모든 수단과 당신이 할 수 있는 모든 방법으로 당신이 할 수 있는 모든 장소에서 당신이 할 수 있는 모든 시간에 당신이 할 수 있는 모든 사람들에게 당신이 할 수 있는 한 오래오래, 할 수 있는 한 최선을 다하라."

이는 감리교의 창시자인 영국의 존 웨슬리John wesley 목사가 한 말로, 자신의 일에 최선을 다해야 함을 잘 보여주고 있다.

자신의 일에 최선을 다하기 위해서는 자신의 생각을 항상 긍정적으로 고정시켜 놓아야 한다. 그렇게 하면 그 어떤 불리한 상황에서도 최선을 다하게 된다. 생각은 곧 그 사람이기 때문이다.

이에 대해 탁월한 자기계발전문가이자 명저 《적극적인 사고방식》의 저자인 노만 빈센트 필 박사는 이렇게 말했다.

"사람은 자기가 자기를 생각하고 있는 대로의 존재가 아니라 생각 그 자체가 그 사람이다."

그렇다. 노만 빈센트 필 박사의 말처럼 생각은 곧 그 사람인 것이다. 따라서 생각을 어떻게 하느냐에 따라 그 사람의 인생은 그가 생각하는 대로 되어지는 것이다.

어느 분야에서건 성공적인 인생을 살았던 사람들은 하나같이 그 어떤 상황에서도 불평하지 않고, 최선의 최선을 다함으로써 성공을 이뤄냈다. 최선을 다한다는 것, 그것은 곧 자신의 인생을 가치 있게 만드는 참 아름다운 행위이다.*

012

# 정신이 썩지 않게 하라

감자를 썩지 않게 보존하는 방법에 대해 당신의 생각은 해마다 바뀔지도 모른다. 그러나 영혼이 썩지 않게 하는 방법에 대해서는 수행을 계속하는 일 외에 내가 배운 것은 없다. - 헨리 데이비드 소로

몸이 아무리 건강하다고 해도 영혼, 즉 정신이 건강하지 않으면 건강하다고 할 수 없다. 정신이 건강하지 않으면 사물에 대한 판단력이 흐리고, 이해력은 물론 창의성은 더더욱 찾아 볼 수 없다. 우리의 몸, 즉 육체를 지배하는 것은 육체가 아니라 정신이다. 그러기 때문에 정신이 건강하지 않으면 육체 또한 건강하다고 할 수 없다.

정신을 건강하게 하기 위해서는 첫째, 사물을 있는 그대로 바라보는 눈을 가져야 한다. 인위적이고 억지로 사물을 대하려고 한다면 스스로를 어둠 속에 갇히게 하는 것과 같다. 있는 그대로를 바라보는 것은 순리를 따르는 일이다. 순리를 따르는 일은 자연스러운 일로 정신을 건강하게 해준다.

둘째, 기도와 묵상을 통해 마음을 다스리는 일에 익숙해져야 한다. 마음이 평안하면 몸 또한 평안하다. 마음이 평안하면 정신이

맑고, 정신이 맑으면 사리분별력이 좋아진다. 사리분별력이 좋아지면 잘못된 판단으로 인해 자신을 그릇되게 하는 것을 막아준다.

셋째, 정신을 흐리게 하는 것은 그것이 무엇이든 삼가는 것이 좋다. 정신을 썩게 만드는 불온한 책, 불온한 비디오를 비롯한 각종 유해한 것들은 멀리 해야 한다. 이러한 것들과 가까이 하면 안개 속을 걸어가듯 정신이 맑지 못하다. 그러다 보면 잘못된 길로 빠질 수 있다.

"사물을 있는 그대로 내버려두라. 그들에게 스스로 무게를 갖게 하라. 겨울날 아침, 단 하나의 사물이라도 있는 그대로 바라보는 데 성공한다면 비록 그것이 나무에 매달린 얼어붙은 사과 한 개에 불과하더라도 얼마나 큰 성과인가. 나는 그것이 어슴푸레한 우주를 밝힐 것이라고 생각한다. 얼마나 막대한 부를 우리는 발견할 것인가.

열린 눈을 가질 때 우리의 시야가 자유로워질 때, 신은 우리 앞에 모습을 드러낸다. 필요하다면 신조차도 홀로 내버려두라. 신을 발견하고자 원한다면 그와 서로를 존중할 수 있는 거리를 두어야 한다. 신을 발견하는 것은, 그를 만나러 가고 있을 때가 아니라 그를 홀로 남겨두고 돌아설 때이다.

감자를 썩지 않게 보존하는 방법에 대해 당신의 생각은 해마다 바뀔지도 모른다. 그러나 영혼이 썩지 않게 하는 방법에 대해서는 수행을 계속하는 일 외에 내가 배운 것은 없다."

이는 미국의 철학자이자 시인이며 수필가이자 《고독의 즐거움》, 《월든》의 저자인 헨리 데이비드 소로Henry David Thoreau가 한 말로 인위를 가하지 않고 순리를 따르며 수행에 정진하는 것이 정신을 건강하게 한다는 것을 잘 알게 한다.

정신을 건강하게 하는 것, 그것은 자신의 인생을 살아가는 데 있어 큰 자산과도 같다. 정신을 건강하게 하는 일에 열정을 다해야 하겠다.*

013

## 자신을 아끼고 위하는 마음 갖기

사람은 반드시 자신을 위하는 마음이 있어야만 비로소 자기 자신을 이겨낼 수 있고, 자신을 이겨내야만 비로소 자기를 완성할 수 있다. - 왕양명

사람들 중엔 자신을 아끼고 위하는 사람과 자신에 대해 무덤덤하거나 함부로 여기는 사람이 있다. 자신을 아끼고 위하는 사람은 무엇을 하더라도 대충 하는 법이 없고, 정성을 들여 성의 있게 한다. 그러다 보니 자신이 하는 일에 있어 좋은 성과를 내는 일이 많다. 그만큼 자신에 대한 애정이 깊기 때문이다.

그러나 자신을 함부로 대하고 자신에게 무덤덤한 사람은 무엇을 하든 대충 하는 경향이 있다. 그러다 보니 그 어떤 것에도 좋은 성과를 내지 못한다. 그런데 문제는 자신이 안 되는 것을 자신 탓으로 여기는 것이 아니라, 남의 탓으로 돌리고 환경 탓으로 돌리는 데 있다. 이는 스스로를 바보로 만드는 일이며 형편없는 존재로 전락시키는 일이다. 자신을 아끼고 위하는 사람이 되어야 한다. 그것은 자신의 인생에 대한 예의이며, 권리이자 의무이다. 자신을 아끼

고 위하는 마음을 갖기 위해서는 어떻게 해야 할까?

첫째, 자신의 인생을 남이 대신 살아주지 않는다는 사실을 잊어서는 안 된다. 자신의 인생은 오직 자신만이 사는 것이다.

둘째, 이 세상에서 자신보다 소중한 존재는 없다. 가족도 다 각자의 인생의 몫이 있는 법이다. 가족에 기대거나 가족이 해주길 바라는 것은 가족의 소중한 인생의 몫을 빼앗는 것과 같다. 자신을 소중히 여기는 마음을 항시 잊지 말아야 한다.

셋째, 자신이 태어난 것은 대단한 은총이며 축복이다. 그런데 이를 잊고 자신에게 함부로 한다는 것은 은총과 축복에 대한 배신과도 같다.

자신을 아끼고 위하는 마음을 갖는 세 가지를 마음에 새겨 실천한다면, 자신을 아끼고 위하는 마음을 갖게 됨은 물론 소중한 자신을 위해 무엇이든 최선을 다하게 된다.

"사람은 반드시 자신을 위하는 마음이 있어야만 비로소 자기 자신을 이겨낼 수 있고, 자신을 이겨내야만 비로소 자기를 완성할 수 있다."

이는 중국 명나라 때 사상가이자 교육가로 양명학의 기초를 정립한 왕양명王陽明이 한 말로 자신을 아끼고 위하는 마음이야말로 자신의 인생을 완성하는 데 절대적으로 작용한다는 것을 잘 알게 한다. 자신을 아끼고 위하는 마음을 가슴 깊이 새겨 실천하라. 자신을 아끼고 위하는 마음은 자신을 사랑하고 존중하는 마음이다.*

014

# 천국과 지옥

마음은 자신의 터전이다. 그 안에서 지옥에 천국을, 천국에 지옥을 만들 수 있다. - 존 밀턴

사람의 마음의 크기는 무한하다. 저 광활한 우주보다도 넓고, 바다보다도 깊고, 태산보다도 높다. 마음의 크기와 넓이와 깊이는 그 무엇으로도 측량이 불가하다.

그러나 사람들은 이를 곧잘 잊고 살아간다. 그러다 보니 자신의 마음을 속이는 일도 아무렇지도 않게 하고, 거짓된 마음으로 상대를 곤경에 처하게 하고, 분노를 조절하지 못해 자신의 마음을 그대로 드러내 비웃음을 사곤 한다. 이는 매우 유감스러운 일이며 자신을 부정적인 존재로 만드는 무가치한 일이다.

마음은 우주를 품고 있어 천국과 지옥 또한 그곳에 있다. 마음을 어떻게 갖느냐에 따라 천국이 되기도 하고 지옥이 되기도 한다.

"마음은 자신의 터전이다. 그 안에서 지옥에 천국을, 천국에 지옥을 만들 수 있다."

이는 영국의 시인이자 사상가이며 대서사시 《실낙원》의 저자인 존 밀턴John Milton이 한 말로, 마음을 어떻게 갖느냐는 것이 자신의 인생에 있어 얼마나 중요한지를 잘 보여준다. 마음을 어떻게 하느냐에 따라 천국이 되기도 하고 지옥이 되기도 하기 때문이다.

존 밀턴은 영국 런던의 브래드 가에서 태어났다. 그의 아버지는 부유한 공증인으로 신흥 중산계급이었다. 할아버지는 가톨릭교도였으나 아버지가 신교로 개종해 밀턴은 청교도의 엄숙한 분위기 속에서 자랐다. 밀턴은 학구열이 높은 아버지를 둔 덕에 음악, 문학, 어학 등 많은 교육을 받았다. 밀턴은 청교도 신학자였던 토마스 영을 비롯한 개인교사들에게 배움은 물론 세인트 바울 학교에서 히브리어, 라틴어, 그리스어, 신학, 르네상스 시대문학과 인문 교육을 받았는데, 그중 어학과 라틴어에 뛰어났다.

밀턴은 〈그리스도 탄생의 아침에〉라는 시를 발표하면서 성직자의 길을 포기하고 시골로 가 독서와 집필, 여행을 하며 지냈다. 여행을 하던 어느 날 영국에서 내전이 일어나자 귀국하여 정치에 뛰어들었다.

밀턴이 귀국했을 때 왕당파와 의회파가 심하게 대립하고 있었다. 이는 곧 구교인 국교회와 신교인 청교도의 대립이었다. 밀턴은 국가와 구교가 청교도를 탄압하는 데 반대하고 올리버 크롬웰을 지지하며 종교와 언론, 정치 문제에 대한 많은 글을 썼다. 그는 서양 역사상 처음으로 언론 및 출판의 자유를 주장하였으며 〈아레오파기티카〉라는 소논문을 통해 "국가에 대해 시민이 자유롭게 의견을 개진할 수 있는 것이 진정한 자유다"라고 역설하였다.

나아가 찰스 1세의 처형에 관한 정당성을 제시하고, 반군주제를 주장한 〈국왕과 관료들의 재직 조건〉 등으로 유럽 전 지역에서 키케로에 비견될 정치적 논객, 지식인으로 이름을 떨쳤다.

그러나 그에게 불행이 엄습하였다. 그는 눈을 실명하였으며 찰스 1세의 아들 찰스 2세가 복귀하면서 대대적인 숙청을 벌여 가산을 몰수당하고 감옥에 갇혔다.

그 후 감옥에서 나온 밀턴은 고향으로 돌아갔다. 심신의 고통을 겪은 후 그의 삶은 피폐해질 만큼 힘들었지만, 청교도인으로서 마음을 다잡고 시를 쓰기 시작했다. 《실낙원》, 《복낙원》 등 그의 유명 작품은 이때 쓰여졌다.

밀턴은 "마음은 자신의 터전이다"라는 자신의 말처럼 실명을 한 상태에서도 좌절하지 않고 꿈과 희망을 이어나갔다. 그는 힘들고 어려운 여건 속에서도 자신을 천국으로 이끈 위대한 시인이었다.*

015

## 행복하고 싶다면 매이지 말고 비워라

행복해지려면 자유가 필요하고, 자유를 누리려면 용기가 필요하다. 세상에 매이지 않는 것이 자유이며, 자기를 비우는 것이 용기이다. - 장자

사람은 탐욕의 동물이기도 하고, 집착의 동물이기도 하다. 이는 사람에 따라 그 차이를 달리하나 그 본질은 크게 다르지 않다. 사람은 소유욕을 가진 동물로서 좋은 것, 예쁜 것, 값진 것을 소유하고 싶어 한다. 이는 자연스러운 현상으로 탓할 수만은 없다. 다만 그 정도가 지나치지 않으면 된다.

그러나 대개의 사람들은 소유에 대한 절제력이 약하다. 그러다 보니 남보다 더 많은 것을 갖기 위해 혈안이 되곤 한다. 그런데 문제는 소유욕이 지나치다 보니 법을 어기기도 하고, 남의 것을 탐하기도 하고, 수단과 방법을 가리지 않고 소유하려고 한다. 물론 이는 지나친 소유욕을 절제하지 못하는 사람들에 해당하는 경우지만 이런 사람들로 인해 사회적 문제가 생기곤 한다.

물질에 매이는 사람은 언제나 물질로 인해 전전긍긍하고, 명예

욕에 매인 사람은 명예욕으로 인해 전전긍긍하고, 권력에 매인 사람은 언제나 권력으로 인해 전전긍긍하다 보니 정작 행복을 잊고 살아간다.

그러면 참다운 행복을 찾기 위해서는 어떻게 해야 할까?

첫째, 무엇을 소유하기보다는 무엇을 바라는 마음을 가져야 한다. 소유하려는 마음을 갖고 있으면 매사에 소유하려고만 한다. 그런데 소유하고자 하는 것을 소유하지 못하면 자신을 불행하다고 생각한다. 소유하려는 마음은 행복을 가로막는 일이다. 그러나 무엇을 바라는 마음은 꿈이기도 하고, 사랑이기도 하고, 이상이기도 하다. 이런 마음은 그 자체만으로도 사람을 행복하게 한다.

"참다운 행복은 우리가 무엇을 소유하느냐가 아니라 무엇을 바라느냐의 문제이다."

영국의 시인이자 소설가이며 명작 《지킬 박사와 하이드씨》로 유명한 로버트 L. 스티븐슨Robert L. Stevenson이 한 말로 참 행복의 의미를 잘 알게 한다.

둘째, 우리 마음속에 있는 것이 소중하다. 물질욕, 명예욕, 인기욕, 권력욕 등 눈에 보이는 것들은 행복의 다가 아니다. 사람을 진실로 행복하게 하는 것은 사랑, 배려, 우정, 꿈과 희망 등 우리 마음속에 있는 것들이다.

그런데 우리는 우리 마음속의 소중한 것보다 마음 밖에 있는 것들로부터 행복을 찾으려고 한다. 진실로 행복한 것은 마음속에 있는 것이다. 이에 대해 헤겔의 관념론에 반대하는 의지의 형이상학을 주창한 독일의 철학자 쇼펜하우어Schopenhauer는 이렇게 말했다.

"사람들은 자신의 올바른 이성과 양심을 담기에 애쓰는 것보다 몇 천 배의 재물을 얻고자 하는 일에 머리를 쓴다. 그러나 우리의 참된 행복에 있어서는 우리 자신 속에 있는 물건이 소중한 것이지, 옆에 있는 물건이 소중한 것은 아니다."

쇼펜하우어의 말처럼 살아갈 수 있다면 참 행복을 느끼며 살게 될 것이다.

셋째, 욕망을 절제하는 데서 행복은 온다. 사람이라면 누구나 욕망을 충족할 때 행복하리라 생각한다. 그러나 욕망이라는 속성은 충족되면 충족될수록 더 큰 욕망에 사로잡히게 한다. 진실한 행복은 욕망을 절제하는 데 있다. 욕망을 절제하면 욕망으로부터 자신을 지켜낼 수 있기 때문이다.

"나는 지금까지 자기의 욕망을 충족시키려고 힘쓰는 것보다는 오히려 그것을 제한함으로써 행복을 추구하는 것을 배워왔다."

영국의 철학자이자 경제학자인 존 스튜어트 밀John Stuart Mill의 말로 욕망을 제한할 때 참 행복을 느낀다는 것을 잘 알게 한다.

이 세 가지로부터 자유로울 수 있다면 진정한 행복을 느끼게 되고, 삶의 즐거움을 만끽하며 살게 될 것이다.

장자莊子는 이 세 가지를 다음과 같은 말로 함축해서 말했다.

"행복해지려면 자유가 필요하고 자유를 누리려면 용기가 필요하다. 세상에 매이지 않는 것이 자유이며 자기를 비우는 것이 용기이다."

장자의 말에서 보듯 매이지 않고 자기를 버리는 것이야말로 진정한 행복을 찾는 것인데 이는 용기를 필요로 한다. 이런 용기를 지닌다는 것은 쉽지 않다. 수행을 쌓아야만 갖게 되는, 참으로 소중한 마음의 용기이기 때문이다.

진실로 행복해지기를 원한다면 매이지 말고 자신을 비워라. 그것이야말로 참다운 행복을 찾는 '행복의 열쇠'이다.*

016

## 자신이 하는 일에 프로가 돼라

프로는 자신이 하는 일에 자신감과 민첩함을 갖추고 일을 마무리한 뒤 결과를 의연하게 지켜보지만, 아마추어는 자신이 하는 일에 항상 불안을 느끼고 의심을 한다. - 윈스턴 처칠

프로와 아마추어의 가장 분명한 차이는 프로는 자신의 일을 목숨처럼 여기고, 아마추어는 흥밋거리나 삶의 수단으로 여긴다. 자신의 일을 목숨처럼 여기는 사람은 배가 고파도 일을 사랑하고, 힘들고 고통이 따라도 일을 손에서 놓지 않는다. 그러나 일을 흥밋거리나 삶의 수단으로 여기는 사람은 배가 고프거나 힘들고 고통이 따르면 포기하고 만다.

프로는 일 그 자체를 사랑하고, 아마추어는 흥미를 위해 돈을 위해 그 일을 택한다. 이렇듯 프로와 아마추어는 현격한 차이를 보인다. 그렇다면 어떤 자세로 삶을 지향해 나가야 할까? 이는 각자의 선택에 달린 문제이지만 이것이 중요하게 작용하는 것은 그 선택에 따라 그 사람의 인생의 빛깔이 달라지기 때문이다.

자신의 인생을 성공적으로 살았던 사람은 모두 다 프로였다. 그

들의 선택은 그 자신을 성공한 인생으로 만들었다.

영국의 수상을 두 번이나 지낸 윈스턴 처칠은Winston Churchill 프로의 기질이 강한 개성이 넘치는 사람이었다. 그에게는 상대방이 자신에게 집중하게 하는 뛰어난 설득력과 강한 리더십이 있었다. 또한 그 사람의 입장에서 생각하고 배려할 줄 아는 포용력을 지닌 성품의 소유자였다. 뿐만 아니라 뛰어난 문장력까지 지니고 있었다.

처칠은 공부를 잘하지 못했지만 공부로는 도저히 흉내 낼 수 없는, 공부 외적인 조건을 두루 갖춘 잠재적 성공요소가 충분한 사람이었다. 그러나 아무리 많은 잠재적 성공요소를 가지고 있다 하더라도, 그것을 살릴 수 있는 노력과 열정이 없다면 그것은 무용지물과도 같다.

처칠은 자신에게 내재된 잠재적 성공요소들을 개발하기 위해 많은 노력을 기울였다. 전쟁에 나가서 죽을 고비를 숱하게 넘기면서도 몸을 아끼지 않고 싸웠고, 정치에 참여해서는 화합과 결속력을 위해 뛰어난 지도력을 보였으며, 그의 뜨거운 열정과 노력은 수많은 경쟁자들 속에서 자신을 단연 돋보이게 했다. 그의 강한 신념과 열정에 감동한 영국 국민들은 아낌없는 지지와 성원으로 그를 선택함으로써 그는 대영제국의 수상을 두 번이나 역임할 수 있었다.

처칠은 첫째, 말을 더듬었지만 피나는 연습을 통해 세계적인 명연설가가 되었다. 그의 연설은 영국 국민들의 가슴에 깊은 감동을 주었으며 자신을 적극 지지하게 만듦으로써 성공적인 정치가가 될 수 있었다.

둘째, 사람들의 마음을 사로잡는 친화력이 뛰어났다. 처칠은 공부를 잘 못해 육군사관학교를 두 번이나 떨어지고 세 번째 도전에서 겨우 합격할 수 있었다. 하지만 그는 강한 친밀감으로 사람들의 마음을 사로잡아 리더가 될 수 있었다.

셋째, 책을 좋아해서 늘 책을 곁에 두고 읽었다. 처칠은 책을 통해 부족한 지식을 보충했으며, 지혜와 지식을 쌓았다. 또한 작문 실력이 뛰어나 글 쓰는 것을 좋아해 은퇴 후 회고록 《제2차 세계대전The Second World War》으로 노벨문학상을 수상한 것은 너무도 유명하다. 문학가가 아닌 그의 노벨문학상 수상은 전무후무한 일로 1901년 제1회 노벨상을 시상한 이래 115년이 지난 지금도 여전히 회자되고 있다.

처칠은 이와 같은 자신만의 프로정신을 잘 살린 끝에 세계사에 영원히 자신의 이름을 남기는 성공적인 인생이 되었다.

"프로는 자신이 하는 일에 자신감과 민첩함을 갖추고 일을 마무리한 뒤 결과를 의연하게 지켜보지만, 아마추어는 자신이 하는 일에 항상 불안을 느끼고 의심을 한다."

이는 처칠이 한 말로 그의 프로정신을 잘 알게 한다.

자신의 인생을 풍요롭게 살고 싶다면 프로가 돼라. 프로만이 자신의 인생을 풍요롭게 할 수 있다.*

017

# 성공한 사람들의 매력적인 특징

성공한 이들은 매력적이고 현실적인 목표를 갖고 있다. 적극적이고 낙천적이며, 정열적인 사고를 갖는다. 창조적인 상상력을 적극적으로 활용한다. 항상 긍정적인 사고를 가지고 끝까지 포기하지 않는다.
- 로버트 H. 슐러

성공적인 인생을 살았던 사람들이나 살고 있는 사람들은 매력적인 특징을 갖고 있다. 그 매력적인 특징이 그들의 인생을 성공으로 이끌어냈다. 이를 여러 측면에서 분석해본다는 것은 그 자체만으로도 흥미로울 뿐 아니라 자기 인생의 지침으로 삼는다면 훌륭한 인생의 길잡이가 되어줄 것이다.

성공한 사람들은 어떤 특징을 갖고 있을까?

첫째, 현실적이고 뚜렷한 목표를 갖고 있었다. 이들은 자신만을 위한 삶이 아닌, 인류사회에 기여하는 삶을 동시에 이루어냈던 것이다. 이들로 인해 인류사회는 한층 진화하게 되었고, 그로 인해 많은 사람들이 혜택을 누리며 살고 있다.

둘째, 적극적이고 정열적이며 낙천적인 사고를 갖고 있었다. 목표를 이루는 데 가장 기본이 되면서도 가장 핵심이 되는 요소는 적극적이고 정열적인 마인드이다. 또한 실패를 해도 대수롭지 않게 툭툭 털고 다시 시작하게 하는 낙천적인 마인드는 필수요소이다.

셋째, 집중력과 몰입도가 뛰어났다. 집중력이 뛰어나고 몰입도가 좋으면 일에 대한 진척이 빠르고 긍정적인 성과를 이루는 데 큰 도움이 된다. 뛰어난 집중력과 몰입도는 반드시 필요한 성공의 요소이다.

넷째, 조급해하지 않으며 역경에 처해도 포기하지 않았다. 일을 성공적으로 해내기 위해서는 절대 조급해서는 안 된다. 한시라도 빨리 좋은 성과를 내기 위해 조급하게 서두르다 보면 도리어 일을 그르치게 된다. 이를 잘 알았던 이들은 차근차근 성실하게 해나감으로써 일에 완성도를 높였으며 설령 실패를 하거나 역경에 처해도 절대로 포기하지 않고 될 때까지 노력을 멈추지 않았다.

다섯째, 자신만의 매력을 갖고 있었다. 아인슈타인은 유대인으로서 유머가 매우 뛰어나 주변 사람들에게 웃음을 주고 긍정의 에너지를 준 것으로 잘 알려져 있다. 헨리 포드는 직원들의 이름을 일일이 기억하였다가 불러줌으로써 직원들을 감동시키는 감성경영을 한 것으로 유명하다. 이렇듯 성공한 이들은 자기만의 독특한 매력으로 성공할 수 있었다.

"성공한 이들은 매력적이고 현실적인 목표를 갖고 있다. 오늘의 자신, 지금의 자신을 출발점으로 한다. 타인과 비교하지 않는다. 적극적이고 낙천적이며, 정열적인 사고를 갖는다. 창조적인 상상력을 적극적으로 활용한다. 현재의 일을 마지막 일이라고 생각하고 몰입한다. 자신만의 독특한 매력을 갖고 있다. 성공에 대해서 급하게 서두르지 않고, 교만하지 않으며, 역경에 처해도 포기하지 않는다. 한 가지 일이 끝났을 때 훌륭한 성공경험을 얻는다. 항상 긍정적인 사고를 가지고 끝까지 포기하지 않는다."

이는 미국의 목사이자 세계적인 부흥강사인 로버트 H. 슐러 Robert H. Schuller가 한 말로 성공한 사람들의 특징을 잘 보여준다. 그 또한 성공한 세계적인 목회자로서 자신의 이름을 기독교 역사에 당당하게 남긴 대표적인 인물이다.

슐러는 자신만의 독특한 아이디어로 1955년 드라이브인 영화관에 가든 그로브 커뮤니티 교회를 열었다. 이는 당시로서는 아주 파격적이고 획기적인 새로운 예배형식으로 사람들에게 신선한 충격을 주었다. 그는 이에 그치지 않고 1970년에는 텔레비전 방송 〈권력의 시간〉을 통해 대중들에게 널리 알려졌다. 그는 늘 새로운 방식으로 선교를 위해 힘썼으며 그가 시도한 방식은 언제나 새롭고 특별하여 자신이 생각하는 대로 큰 성공을 거뒀다.

성공적인 인생을 살고 싶다면 성공한 이들의 다섯 가지의 특징을 마음에 새겨 실천하라. 충실히 이를 실행한다면 자신이 원하는 인생을 사는 데 큰 도움이 될 것이다.*

018

## 고통을 기쁨으로 바꾸는 능력

만일 당신이 외적인 요인에 의해 고통 받는 것이 아니라면, 그 고통은 당신의 생각이 만든 것이다. 당신은 언제든지 그것을 바꿀 수 있는 능력을 가지고 있다. - 마르쿠스 아우렐리우스

살다 보면 뜻하는 않은 일로 시련과 고난을 겪게 된다. 이는 타인에 의해 겪기도 하지만, 자신의 잘못으로 겪기도 한다. 시련과 고난은 누구나 피해 갈 수 없는 인생의 반갑지 않은 손님으로 그 정도의 차이가 있을 뿐이다.

그런데 문제는 시련과 고난이 심하면 큰 고통을 느끼게 되는데, 고통을 이겨내지 못하면 시련과 고난의 동굴에서 빠져나오지 못한다는 것이다. 그것은 곧 파멸을 뜻하는 것으로, 비참한 종말을 맞고 싶지 않다면 죽을힘을 다해 시련과 고통을 이겨내야 한다.

"삶은 우리에게 극복하지 못할 시련과 고난은 주지 않는다"라는 말이 있다. 이는 곧 어떤 시련이나 고난도 충분히 이겨낼 수 있음을 뜻한다.

"만일 당신이 외적인 요인에 의해 고통 받는 것이 아니라면, 그

고통은 당신의 생각이 만든 것이다. 당신은 언제든지 그것을 바꿀 수 있는 능력을 가지고 있다."

이는 로마의 황제이며 사상가이자 저서 《명상록》으로 유명한 마르쿠스 아우렐리우스Marcus Aurelius가 한 말로 사람에겐 고통을 이겨낼 수 있는 능력, 즉 힘이 있음을 의미한다. 마르쿠스 아우렐리우스는 황제로서 수많은 시련과 고난을 겪었다. 동쪽으로는 파르티아 제국이, 북쪽에서는 게르만족이 수시로 침략해 왔다. 그는 침략들로부터 로마를 지켜내기 위해 로마의 황제 중 가장 많은 시간을 전쟁터에서 보냈다. 그러나 마르쿠스 아우렐리우스는 실망하거나 비관하지 않았다. 언제나 긍정적으로 자신에게 닥친 역경을 극복하며, 봉사와 헌신의 정신으로 황제의 본분을 다했다.

로마 시민들은 국가와 자신들을 위해 최선을 다하는 그를 마음으로부터 깊이 존경하였으며, 그는 황제이자 철학자로서의 본분을 착실히 실행한 위대한 실천가였다. 그는 살아가는 동안 자신의 체험을 통해 깨달은 것을 다음과 같이 말했다.

"우리의 인생은 우리의 생각에 의해 만들어진다."

그렇다. 자신의 인생은 자신이 어떻게 생각하고 행동하느냐에 따라 결정되는 것이다. 자신이 원하는 인생을 살고 싶다면 원하는 대로 생각하고 실천하라. 설령, 자신에게 그 어떤 시련과 고난이 닥쳐온다 할지라도 자신을 극복하는 인생이 되어야 한다. 그러면 삶은 반드시 자신이 원하는 것을 상급으로 보답해 줄 것이다.*

019

## 생각 그 자체가 그 사람이다

그가 하루 종일 생각하고 있는 것, 그 자체가 그 사람이다. - 랠프 왈도 에머슨

"상처 입은 굴이 진주를 만든다."

미국의 사상가이자 시인이며 수필가인 랠프 왈도 에머슨Ralph Waldo Emerson이 한 말로 상처, 즉 시련을 이긴 자만이 값진 인생이 될 수 있음을 뜻한다.

우리가 보기에 빛나고 멋져 보이는 것들은 그렇게 되기까지 많은 노력을 기울이고 땀방울을 흘려야 했다. 어떤 때는 너무 힘들어 당장이라도 포기하고 싶을 때도 많았다. 그러나 포기하지 않고 끝까지 열정을 바쳤기에 이룬 빛나는 '인생의 진주'이다.

자신이 원하는 인생을 살고 싶다면 반드시 자신을 이기는 강자가 되어야 한다. 강자는 그 어떤 어려움이 닥쳐도 결코 포기하지 않는다. 어려움을 통해 더욱 자신을 강하게 단련시키며 자신이 원하는 길을 향해 묵묵히 나아간다. 그러나 약자는 작은 어려움에도

어찌할 바를 몰라 쩔쩔매고 도움을 요청한다. 그러다 보니 조금만 힘이 들어도 포기하고 만다.

이렇듯 강자와 약자는 현격한 차이를 보인다. 자신이 원하는 인생을 살고 싶다면 자신을 단련시켜 강자가 되어야 한다.

"길을 가다 돌을 보면 약자는 걸림돌이라고 하고, 강자는 디딤돌이라고 한다."

영국의 평론가이자 역사가이며 명저 《프랑스 혁명사》로 유명한 토마스 칼라일Thomas Carlyle이 한 말로 같은 상황에 처했을 때 어떻게 생각하느냐에 따라 그 사람의 인생 자체가 달라진다는 것을 의미한다.

영국의 시인이자 평론가인 새뮤얼 존슨Samuel Johnson은 옥스퍼드대학에 다닐 때 너무도 가난하여 구멍 난 구두를 신고 다녀야만 했다. 그는 어떤 때는 하루에 9센트로 버티기도 했다. 그는 지독한 가난에 시달리며 십여 년을 보낸 끝에 가난을 면할 수 있었으며, 위대한 시인으로 성공할 수 있었다. 만일 그가 가난에 쪼들려 배움을 포기했다면 성공하지 못했을 것이다. 그는 가난 속에서도 포기하지 않고 자신을 강하게 단련시킨 끝에 인생의 강자가 되었다.

어떻게 생각하느냐에 따라 그 사람의 인생은 달라진다. 생각이 한 사람의 인생에 미치는 영향은 절대적인 것이다. 모든 것은 생각하는 대로 된다는 말이 있듯, 생각하는 대로 살아지는 것이 인간의 삶이다.

"그가 하루 종일 생각하고 있는 것, 그 자체가 그 사람이다."

에머슨이 한 말로 생각의 중요성을 함축적으로 잘 보여준다.

생각 그 자체는 바로 그 사람인 것이다. 생각은 존재보다 앞서는 것이고, 그 존재는 생각에 의해서 존재로서의 가치를 획득하게 된다.

자신이 되는 대로 살고 싶다면 되는 대로 생각하고, 자신이 원하는 인생을 살고 싶다면 날마다 원하는 대로 생각하고 실천하라. 생각의 힘은 크고 깊고 절대적이다.*

020

# 모든 문제는 자신에게 있다

나를 비방하는 사람이 있거든 반드시 스스로 반성하고, 만일 스스로 명예를 훼손하는 행위를 했다면 그 허물을 책하라. -《격몽요결》

살다 보면 자의든 타의에 의해서든 잘못을 범하게 되고, 허물을 안고 살게 된다. 이는 사람이기에 누구나 겪는 일이지만 문제는 그것을 알고도 반성하지 않는 데 있다. 게다가 자신의 허물을 남에게 돌리기까지 하니 이는 누워서 자신의 얼굴에 침을 뱉는 격이다. 이에 대해 《논어論語》에서는 다음과 같이 말한다.

"군자는 모든 것을 반성해서 허물을 자기에게 구한다."

이 말은 군자는 반성함으로써 잘못된 것을 구하되 자기 자신에게서 구한다는 것이다. 이는 자신의 모든 허물에 대해 남에 의해서가 아니라, 자신에 의해 허물이 있다고 보는 것으로써 그것을 알고 반성하면 허물을 벗고 바르게 살아가게 됨을 뜻한다.

"매일 반성하라. 만일 잘못이 있으면 고치고, 없으면 더 반성하라."

이는 주자학을 집대성한 주희朱熹가 한 말로 반성하는 것이야말로 자신을 참되게 하는 것이라는 의미다. 그런데 여기서 한 가지 주목할 것은 잘못이 없어 고칠 게 없어도 더 반성하라는 것이다. 이는 반성할 일이 없을수록 더욱 자신을 조심하라는 뜻이다. 어떻게 보면 사람으로서 하기 힘든 수행과도 같은 일이지만, 그것이야말로 참되게 사는 일이라 마땅히 그리해야 한다.

"반성하는 자는 닥치는 일마다 이로운 결과를 낳는다. 그러나 남의 허물만 탓하는 자는 움직일 때마다 스스로를 해치는 창과 칼이 된다. 전자는 선행의 길을 열지만, 후자는 악행의 근원이 된다. 양자 사이에는 하늘과 땅만큼 차이가 있다."

《채근담採根談》에 나오는 말로 반성하면 하는 일마다 좋은 일이 생기지만, 반성을 모르고 남의 탓으로 돌리면 매사에 창과 칼이 되어 스스로에게 위협이 됨을 말한다. 반성은 스스로를 복되게 하는 일이지만, 반성을 모르는 것은 스스로를 악하게 하는 일로 이를 조심해야 한다. 이는 반성이 인간의 삶에 미치는 영향이 그만큼 크다는 것을 의미한다.

"자기반성은 지혜를 배우는 학교이다."

16세기 에스파냐 신부이자 사상가인 발타자르 그라시안Baltasar Gracián이 한 말로 자기반성이 지혜를 가르치는 근본이라는 것을 의미한다. 이는 반성이 그만큼 인간의 삶에서 중요하다는 것이다.

지혜를 깨치게 하는 반성은 반성을 넘어 지혜를 구하는 참다운 행위이기 때문이다.

조선시대의 학자 율곡 이이는 《격몽요결擊蒙要訣》에서 다음과 같이 말했다.

"나를 비방하는 사람이 있거든 반드시 스스로 반성하고, 만일 스스로 명예를 훼손하는 행위를 했다면 그 허물을 책하라."

이 말은 남이 비방해도 그를 상대로 싸우거나 적대시하지 말고 도리어 자신을 살펴보는 기회로 여기라는 의미이다. 또한 스스로 명예를 더럽혔다면 허물을 책하고 반성하라는 것이다.

여기서 우리가 납득하기 힘든 말은 남이 비방해도 반드시 스스로를 반성하라는 말이다. 이는 높은 덕을 쌓은 사람이 아니면 할 수 없는 일이다. 보통 사람들로서는 화가 나서 따지든지 아니면 공격을 할 일이기 때문이다. 이를 모를 일이 없는 율곡 이이가 이 말을 한 까닭은 그것이 스스로를 참되게 하는 가장 바람직한 일이자 가장 근원적인 일이기 때문이다.

그렇다. 스스로를 참되게 하는 사람, 그 사람이 가장 아름답고 바른 사람이다.*

CHAPTER 3

# 힘으로는 부드럽고 연한 것을 이길 수 없다

021

# 자신을 아는 것은 가장 기초적인 삶의 법칙이다

자신을 알아야 한다. 이것이 기초적인 법칙이다.
그러나 당신 아닌 다른 사람이 당신을 바라볼 때,
비로소 당신은 자기 자신을 알게 되는 것이다.
- 존 러스킨

"너 자신을 알라."

고대 그리스 철학자 소크라테스Socrates의 말이다. 이 말은 너무도 유명한 말이지만 자신이 자신을 안다는 것은 쉽지 않다. 물론 자신의 성격이나 좋아하고 싫어하는 것들에 대해서는 대개 잘 알고 있다. 그런데 문제는 자신의 본질에 대해서는 잘 알지 못하는 것 같다. 오히려 다른 사람들이 보는 눈이 더 정확하다. 자신은 주관적으로 판단하지만, 상대는 객관적으로 바라보기 때문이다. 만일 자신을 객관적으로 판단할 수 있다면 보다 나은 인생을 살아가게 될 것이다.

소크라테스의 말은 지난날 많은 철학자들의 철학적 연구대상이었다. 이는 지금도 예외는 아니다. 나 자신을 안다는 것은 영원한 인간의 화두이자 가장 근원적인 문제이기 때문이다.

또한 자신을 안다는 것은 그만큼 어렵다는 의미이다. 이에 대해 고대 그리스 철학자이자 '만물의 근원은 물'이라고 정의한 밀레투스학파의 창시자인 탈레스Thales는 다음과 같이 말했다.

"이 세상에서 가장 어려운 일은 나를 아는 일이다."

그렇다면 '어떻게 해야 자신을 알 수 있는 혜안을 갖게 될까'라는 문제에 이르게 된다. 자신을 아는 지혜를 기르는 것, 이것이야말로 자신을 아는 가장 좋은 방법이다. 자신을 아는 지혜를 기르기 위해서는 어떻게 해야 할까.

첫째, 상대방의 말을 귀담아들어 실천하는 것이다. 자신은 자신을 잘 모르는 법이다. 그러나 상대는 객관적으로 바라보기 때문에 잘 알 수 있다. 충언역이이어행忠言逆耳以於行이라는 말이 있듯, 상대가 자신을 위해 하는 말은 귀에 거슬리지만 받아들여 실천으로 옮긴다면 자신을 고쳐 자신을 바르게 하는 데 큰 도움이 된다.

둘째, 자신에게 정직해야 한다. 서양 속담에 "정직은 최대의 방책이다"라는 말이 있다. 이는 정직하면 인생을 가치 있게 살아가는 데 큰 도움이 된다는 의미이다. 그러니까 자신에게 정직한 사람은 자신이 누구라는 것을 잘 알게 되고 어떤 상황에서도 자신을 가치 있는 인생이 되게 하는 것이다.

셋째, 자신을 이겨내야 한다. 자신을 이긴다는 것은 참 힘들고 어려운 일이다. 사람은 누구나 자신에게 관대한 까닭에 자신의 실수나 잘못에 대해 그냥 지나치는 경우가 많다. 이는 스스로를 어둠 속에 갇히게 하는 행위와 같다. 자신을 진정으로 사랑하고 위한다면 자신의 실수나 잘못에 대해서는 냉철해야 한다. 그래야만 자신의 실수와 잘못을 바로잡을 수 있어 자신에게 진실할 수 있다. 자신에게 진실한 사람은 그 어떤 순간에도 자신을 사랑하고, 어떤 어려움도 극복하기 위해 최선을 다한다. 이런 자기애自己愛가 자신을 이겨내게 한다.

자신을 아는 지혜를 기르는 법, 이 세 가지를 가슴에 새겨 꾸준히 실천으로 옮긴다면 자신을 잘 알게 됨으로써 보다 가치 있는 인생을 살 수 있다.

"자신을 알아야 한다. 이것이 기초적인 법칙이다. 그러나 자기를 바라보고 있다고 해서 자기를 알 수 있는 것일까. 아니다. 당신 아닌 다른 사람이 당신을 바라볼 때, 비로소 당신은 자기 자신을 알게 되는 것이다."

영국의 비평가이자 사상가이며 작가인 존 러스킨John Ruskin이 한 말로 왜 사람은 자신을 알아야 하는지를 잘 알게 한다. 자신을 아는 것은 자신의 삶에 있어 가장 기본적인 법칙이자 가장 자신을 자신답게 하는 가치 있는 일이다.

자신을 아는 사람, 그 사람이 진실로 자신을 사랑하는 사람이다.*

022

## 화를 누르고 욕심을 절제하기

분함을 누르는 데는 참한 마음으로 하고, 욕심을 막는 데는 물을 막는 것처럼 하라. -《근사록》

살다 보면 화를 내는 일이 종종 있다. 자신과 상관없는 일로 화가 나는 경우도 있고, 타인으로 인해 화가 나는 일도 있고, 자신의 실수에 대해 스스로에게 화가 나는 경우도 있다. 특히, 자신과 상관없는 일이나 타인으로 인해 억울한 일을 당하면 그 분노는 더 크다.

그런데 문제는 화를 내면 건강에 도움이 안 될 뿐만 아니라 상대방과 다툼을 벌이게 될 수도 있다. 화를 내게 된 동기야 어떻든 자신에게도 상대에게도 마음에 상처를 주게 된다. 화를 안 내도록 하는 것이 상책이지만, 화가 날 때는 화를 다스려 흥분한 마음을 가라앉혀야 한다.

"1분 화를 낼 때마다 당신은 60초 동안 행복을 잃는 셈이다."

미국의 사상가이자 시인이며 수필가인 랠프 왈도 에머슨Ralph

Waldo Emerson이 한 말로 화를 내는 것은 곧 자신의 행복을 빼앗기는 일이라는 것을 알 수 있다. 에머슨의 관점에서 본다면 화를 많이 낼수록 그만큼의 행복을 잃는 것이니, 행복을 잃지 않으려면 화를 다스리도록 하는 것이 중요하다. 화가 날 때 화를 가라앉히는 지혜에 대해 살펴보는 것도 많은 도움이 될 것이다.

첫째, 화가 날 때는 심호흡을 크게 하고 하나 둘 숫자를 세어보라. 심호흡을 크게 하면 순간 마음이 차분해지는 것을 느끼게 된다. 심호흡을 반복하면서 하나에서부터 열까지 세어보라. 그래도 안 되면 백까지 세어보라. 단, 다른 생각은 일절 하지 말고 마음이 가라앉을 때까지 계속 숫자를 세어라.

둘째, 화가 난 이유에 대해 솔직하게 얘기함으로써 상대방의 이해를 구하라. 자신의 진심을 담아 얘기하면 상대는 자신이 화를 내게 한 것에 대해 받아들이게 되고 이해와 용서를 구할 것이다. 이에 대해 틱낫한은 다음과 같이 말했다.

"내가 누군가에 의해 화가 났을 때는 화가 나지 않은 척해서는 안 된다. 고통스럽지 않은 척해서도 안 된다. 그 사람이 나에게 소중한 사람이라면 더욱 그러하다. 내가 지금 화가 났으며 그래서 몹시 고통스러워하고 있다는 사실을 그에게 고백해야 한다. 그러나 말은 최대한 차분하고 침착하게 해야 한다."

틱낫한의 말에서 보듯 아무리 화가 나도 흥분하지 말고 차분하게 대처하는 것이 중요하다. 자신의 감정을 솔직하게 표현하면 최대한 화를 절제할 수 있다.

셋째, 왜 화를 내게 됐는지를 곰곰이 생각해보라. 생각해보고 자신에게 문제가 있다면 솔직하게 인정해야 한다. 인정하지 않는 것은 스스로를 부끄럽게 하는 일이다.

"네가 옳았다면 화낼 이유가 없고, 네가 틀렸다면 화낼 자격이 없다."

인도 독립의 아버지 마하트마 간디Mahatma Gandhi의 말로 자신이 옳든 틀리든 간에 화를 낼 이유가 없다는 의미이다. 이는 곧 화가 날 때 화를 절제하는 것이야말로 화로부터 자신을 지켜낼 수 있음을 말한다.

화를 가라앉히는 세 가지 방법을 마음에 새겨 화가 날 때마다 실행에 옮긴다면 충분히 화를 가라앉게 할 수 있다.

다음은 욕심을 절제하는 지혜에 대해 살펴보도록 하겠다. 사람은 정도의 차이가 있을 뿐 누구에게나 욕심은 있다. 욕심이 지나치면 문제가 되지만 어느 정도의 욕심은 자신을 지금보다 더 나은 길로 가게 하는 데 도움이 된다.

그런데 문제는 욕심을 절제하지 못한다는 데 있다. 모든 불행은 욕심을 절제하지 못하는 데 있다. 불행의 길에 서지 않고 자신을 행복의 길에 서게 하기 위해서는 욕심을 절제할 줄 알아야 한다.

"사람의 괴로움은 끝없는 욕심에 있다. 자기 분수에 맞게 만족할 줄 안다면 마음은 항상 즐겁다."

《채근담採根譚》에 있는 말로 욕심은 괴로움의 원인이 됨을 말한다. 따라서 괴로움으로부터 고통 받지 않으려면 욕심을 절제하고 자기 분수에 맞게 살면 된다.

행복하게 살기 위해서는 화를 다스릴 수 있어야 하고, 욕심을 절제할 줄 알아야 한다. 이에 대해 《근사록近思錄》은 이렇게 말한다.

"분함을 누르는 데는 참한 마음으로 하고, 욕심을 막는 데는 물을 막는 것처럼 하라."

참으로 옳고 명쾌한 말이다. 이 말처럼 살 수 있다면 그는 정녕 행복한 사람이다.*

023

## 만족에서 오는 교만을 멀리하기

누구나 한 가지 일을 이루고 나면 만족하고 교만해지는 이유로 실패하는 일이 많다. -《관자》

"교만이라는 밭에서 모든 죄의 잡초가 자라난다."

스코틀랜드의 목사이자 신학자인 윌리엄 바클레이William Barclay가 한 말로 교만이 죄의 근본임을 잘 알게 한다. 교만은 진실한 마음을 가리고, 정직한 마음을 거짓의 마음으로, 겸손한 마음을 오만한 마음으로, 배려의 마음을 몰지각한 마음으로, 칭찬의 마음을 비판의 마음으로, 사랑의 마음을 미움의 마음으로, 충성스런 마음을 불충의 마음으로 바꿔버리는 부정적인 자아이다.

항우項羽는 시황제에 의해 멸망한 초나라의 귀족 출신으로, 시황제가 죽고 나라가 혼란에 빠지자 군대를 일으켜 힘을 키운 뒤 진나라 대군에게 대승을 거두자 각지의 반군이 항우의 휘하로 몰려들었다. 세력을 키운 항우는 거칠 것이 없었다. 그 누구도 그의 상대가 되지 않았다. 그의 상대로는 유방劉邦뿐이었다. 유방이 진나라 도읍인 함양에 입성하여 진왕 영의 항복을 받고 옥새를 넘겨받았다. 유방은 진나라 백성들을 따뜻하게 대해주었다.

그런데 뒤늦게 함양에 도착한 항우에게 유방은 쫓겨나고 말았다. 항우는 진왕 영을 척살하고 아방궁을 불태우며 노략질을 일삼았다. 포악의 극치였다. 항우는 자신이 황제로 추대했던 의제를 살해함으로써 백성들로부터 원성을 샀다. 그러자 백성들의 마음은 유방으로 쏠렸다. 여기저기서 모여든 병력으로 유방의 군대는 60만 대군을 형성하였다. 제나라 내전을 수습하러 항우가 자리를 비운 틈을 타 팽성을 점령하여 항우의 보물과 여자들을 자신의 수중에 넣었다. 이를 알고 달려온 항우와의 싸움에서 유방은 크게 패했다.

그러나 세력을 키운 유방과 항우는 마지막 결전을 벌였다. 이른바 해하전투가 그것이다. 유방에게는 천하의 지략가인 장량과 용장인 한신, 팽월이 있었다. 이 싸움에서 패한 항우는 자결하고 말았다. 이로써 최후의 승리자는 유방이 되었다.

그렇다면 용맹하고 무예가 출중해 천하호걸이라 일컬음을 받은 항우는 왜 패장이 되었을까. 그것은 바로 그의 흉포한 성품과 교만과 오만이 빚은 결과였다. 항우는 의심이 많고 그 누구의 말도 잘 믿지 않았다. 그가 승승장구하는 데 큰 도움을 준 책사 범증마저 내친 폭군이었다. 특히 교만은 그의 포악한 성격을 더욱 포악하게 만들었으며 그의 이성을 흐리게 한 주범이었다.

“내가 군사를 일으킨 지 8년 동안 70여 차례를 싸웠으나 단 한 번도 패한 적이 없다. 모든 싸움에 이겨서 천하를 얻었으나 여기서 곤경에 빠졌다. 이것은 하늘이 나를 버려서이지, 내가 싸움을 잘못한 것은 아니다. 오늘 여기서 세 번 싸워서 모두 이기면 하늘이 나를 망하게 한 것이지 내가 싸움을 잘못한 게 아니란 것을 알 것이다.”

이는 항우가 해하전투에서 자신에 대해 스스로를 평가한 말로 그가 얼마나 교만하고 오만한 자인지를 잘 알게 한다.

반면에 유방은 일자무식의 건달 출신이었으나 성품이 온화하고 자신의 주변 사람들을 믿고 신뢰함으로써 주변 사람들과 백성들에게 인정을 받았다. 이로써 유방은 한나라의 고조가 되었다.

“교만이란 이기심의 형태이다. 자신에 대해 집착할수록 다른 이에 대한 관심은 격감된다.”

《채털리 부인의 연인》, 《아들과 연인》으로 유명한 영국의 소설가 데이비드 H. 로렌스David H. Lawrence가 한 말로 교만은 이기심의 발로임을 알 수 있다. 교만은 이기심을 갖게 하고 그 이기심은 더욱 교만을 부추긴다. 나아가 교만은 스스로를 만족하려는 욕구에서 더욱 커지고, 그 결과는 실패로 끝날 때가 많다.

“우리가 하는 일은 늘 생각하고 궁리하는 데 따라 생기기 마련이고 노력함으로써 이루어지게 된다. 그러나 한 가지 생각할 것은 누구나 한 가지 일을 이루고 나면 만족하고 교만해지는 이유로 실패하는 일이 많다."

《관자管子》에 나오는 말로 사람은 만족할수록 자신을 낮추어야 교만으로 인한 실패를 막을 수 있음을 알 수 있다. 옳은 말이다. 교만으로부터 자신을 멀리하라.*

024

## 시간에 끌려가지 말고 시간을 리드하라

지금 이 순간을 삶의 구심점으로 삼아라. 시간 속에 살면서 잠깐씩 지금 이 순간에 들르는 것이 아니라, 지금 이 순간에 살면서 실제로 필요한 경우에 과거와 미래를 잠깐씩 방문하도록 하라.

– 에크하르트 톨레

흔히들 잊고 살거나 착각하기 쉬운 것이 시간에 대한 개념이다. 시간을 언제나 마르지 않는 강물처럼 여기는데, 이는 시간의 소중함을 도외시하기 때문이다.

'오늘 못 하면 내일이 있으니까'라는 생각은 누구나 다 하는 생각이다. 이런 생각이 사람들을 시간의 소중함으로부터 멀어지게 한다. 그런데 이러한 비창의적이고 비생산적인 생각이 무서운 것은 사람들을 게으르게 하고 무지로 몰아간다는 데 있다.

공기라든가 물이라든가 햇빛은 항상 우리와 함께하기 때문에 그 소중함을 잊고 산다. 하지만 황사와 미세먼지들로 고통 받는 요즘은 맑고 깨끗한 공기가 얼마나 소중한지를 깊이 느낀다. 가뭄이 들어 온 산천이 발갛게 타들어갈 때 물의 소중함을 뼈저리게 느끼고, 지루한 장마철에는 밝은 햇빛이 그리도 소중할 수 없음을 깨닫곤 한다.

시간 또한 다르지 않다. 특히, 나이가 들수록 시간의 소중함을 느낀다. 그런데 그것을 알고도 시간을 허투루 보내는 일이 많은 걸 보면 사람이란 참 어리석고 우둔한 존재이다.

인생을 성공적으로 살았던 사람들은 시간을 자신의 몸처럼 아끼고 소중히 했다는 것을 알 수 있다. 시간을 허투루 낭비하는 만큼 자신의 인생은 퇴보한다는 것을 잘 알았던 것이다.

영국의 평론가이자 역사가인 토머스 칼라일Thomas Carlyle은 하루하루를 헛되이 한 적이 없을 만큼 시간을 잘 쓴 사람으로 유명하다. 그는 시간을 생명처럼 소중히 여기며 읽고 쓰고 연구하는 데 평생을 바쳤다. 《의상철학》, 《영웅 숭배론》, 《과거와 현재》는 그의 대표 저서로 그의 땀방울이 촘촘히 묻어 있다.

그는 이상주의적인 사회개혁을 주창하여 19세기 사상과 철학에 지대한 영향을 끼쳤다. 문학비평가인 루카치는 칼라일을 "사회주의 비평의 선구자"라고 평가한 것도 이를 잘 말해주고 있다.

칼라일은 시간의 소중함을 담아 〈오늘〉이라는 시를 썼는데, 그가 시간을 얼마나 천금처럼 아끼고 소중히 여겼는지를 잘 알 수 있다.

"지금 이 순간을 삶의 구심점으로 삼아라. 시간 속에 살면서 잠깐씩 지금 이 순간에 들르는 것이 아니라, 지금 이 순간에 살면서 실제로 필요한 경우에 과거와 미래를 잠깐씩 방문하도록 하라. 현재의 순간에게 항상 '네'라고 말하라. 이미 그러한 상황에 저항하는 것보다 무익하고 어리석은 태도가 있을까. 삶은 항상 '지금'이 있을 뿐인데도 그러한 삶 자체에 반대하는 것보다 더 미친 짓이 있을까. 있는 그대로 내맡겨라. 삶에게 '네'라고 말하라. 그제야 삶은 당신을 거역하지 않고 당신을 향해 움직이기 시작할 것이다. 언제나 현재의 순간만이 내가 갖고 있는 전부라는 것을 깊이깊이 인식하라."

이는 영성가이자 21세기 영적교사이며 《지금 이 순간을 살아라》의 저자인 에크하르트 톨레Eckhart Tolle의 말로 지금이라는 순간, 즉 지금이라는 시간의 소중함을 잘 보여준다. 지금이라는 순간은 한번 흘러가 버린 강물처럼 다시 돌아오지 않는다.

지금 이 순간은 내 인생 최고의 정점이다. 지금이라는 순간을 세상의 모든 시간인 것처럼 아끼고 소중히 여긴다면 자신의 인생을 자신이 원하는 대로 살아가게 될 것이다. 사람은 시간을 속여도, 시간을 절대 사람을 속이지 않으니까 말이다.

시간을 리드하는 사람, 시간을 이기는 사람이 진정한 승리자이다.*

025

# 성인의 마음가짐과 성인의 행동거지 배우기

성인은 이 세상에 살며 사람들과의 관계에 마음을 쓴다. 그는 모든 사람들을 위해 생각한다. 그런 이유로 모든 사람들의 마음과 눈이 그에게 집중되는 것이다. - 노자

"군자는 타인에게는 관대하고 자신에게는 엄격하다."

이는 《논어論語》의 〈옹야〉 편에 나오는 말로 군자가 지녀야 할 타인에 대한 마음가짐과 자신에 대한 마음가짐을 극명하게 보여준다.

그렇다. 사람들은 대개 자신의 실수에 관대하면서도 타인의 실수에 대해서는 비판적이다. 그러다 보니 자신의 잘못을 고칠 줄 모르고 매번 같은 행동을 반복하는 것이다. 자신에 대해 엄격해야 할 이유가 여기에 있다.

자신에 대해 엄격한 사람은 같은 실수를 반복하지 않는다. 무엇이 잘못되었는지를 깨달아 자신의 잘못에 대해 깊이 반성하기 때문이다. 이런 마음이 쌓이다 보면 자신에겐 더욱 엄격하고 타인에 대해서는 더욱 관대해진다. 타인에 대해 관대하다 보면 타인의 잘

못이나 실수에 대해 비판하기보다는 너그럽게 이해함으로써 타인에게 좋은 이미지를 심어주고 타인 또한 자신에 대해 깊이 반성하는 마음을 갖게 된다. 이렇게 자신에 대해 깨닫게 된 타인 역시 자신이 만나는 사람들을 관대한 마음으로 대하게 된다.

이렇듯 군자는 모든 사람의 본이 되는 사람이며, 귀감이 됨으로써 마음으로부터 깊이 존경받는 것이다.

"성인은 자기 자신의 감정을 갖고 있지 않다. 타인의 감정이 곧 그의 감정인 것이다. 그는 선행에는 선으로 대하며 악행에도 선으로 대한다. 그는 믿음이 있는 자에게는 믿음으로 대하고 믿음이 없는 자에게도 믿음으로 대한다. 성인은 이 세상에 살며 사람들과의 관계에 마음을 쓴다. 그는 모든 사람들을 위해 생각한다. 그런 이유로 모든 사람들의 마음과 눈이 그에게 집중되는 것이다."

노자老子가 한 말로 성인의 마음가짐과 행동거지를 함축적으로 보여주는 말이라고 할 수 있다. 타인에 대한 성인의 관대함은 무릇 이만은 해야 한다는 것이다. 그래서 성인은 자신보다는 타인을 먼저 생각하고, 배려하고, 양보하는 것이다.

"관용은 타인에 대한 인내다. 관용이란 무엇인가. 그것은 인간애의 소유다. 우리는 모두 약함과 과오로 만들어졌다. 우리의 어리석음을 서로 용서해야 한다. 이것이 자연의 제일 법칙이다."

프랑스의 사상가이자 작가인 볼테르Voltaire의 말로 관용은 타인에 대한 인내 그러니까 타인에 대한 관대함에서 오는 인간에 대한 사랑을 말한다. 타인에 대한 인간애가 깊을수록 관대해지는 것이며, 성인이란 인간애에 대한 깊이가 그만큼 크고 깊다는 것을 의미한다.

자신의 인생을 가치 있고 높고 의연하게 살고 싶다면 성인의 마음가짐과 행동거지를 마음에 새겨 실천해야 한다. 그러는 가운데 성인의 길을 걷고 있는 자신을 발견하게 될 것이다.*

026

## 상대를 배려하는 참마음의 가치

더울 때 솜옷을 입은 사람이 곁에 앉았거든 비록 뜨겁더라도 더운 것을 말하지 말 것이며, 홑옷을 입은 사람을 보면 비록, 추운 겨울이라도 춥다고 하지 마라. -《명심보감》

사람들과 잘 지내기 위해서는 관계 맺음을 잘 해야 한다. 내가 좋다고 해서 상대방의 입장을 생각지 않는다면 그것은 상대를 무시하는 행위와 같다. 또 내가 싫다고 해서 상대방을 고려하지 않는 다면 그 또한 상대를 함부로 여기는 것과 같다.

상대를 배려하는 것은 곧 자신이 상대로부터 배려를 받는 것이다. 생각해보라. 자신은 상대를 배려하지 않는데 상대가 자신을 배려해 주겠는지를. 절대로 배려해주지 않는다. 자신이 받고 싶은 대로 먼저 상대에게 베풀어야 한다. 그것은 자신이 못나서가 아니라, 자신을 위해서 하는 것이다. 그것이 삶의 법칙이니까.

내가 살고 있는 아파트에서 있었던 일이다. 어느 날 주차 문제로 싸움이 벌어졌다. 싸움의 발단은 103동에 사는 남자가 주차되어 있는 102동 남자의 차 뒤에 사이드브레이크를 잠근 상태로 주차를 해놓았다.

102동 남자가 아침 일찍 집을 나서기 위해 나와 보니 자신의 차 뒤에 주차가 되어 있어 밀었더니 사이드브레이크 잠겨 있어 꼼짝도 안 했다. 남자는 관리실에 얘기해서 방송을 했는데 20분이 넘도록 사람이 나타나지 않자 화가 났다.

103동 남자는 방송한 지 30분이 지나서야 밖으로 나와 자신의 차로 갔다. 102동 남자는 화가 나서 따졌다. 그러자 103동 남자는 미안하다는 말 한마디 없이 별것도 아닌 일로 따진다고 도리어 역정을 냈다. 그러자 화가 머리끝까지 난 102동 남자가 103동 남자를 향해 주먹을 날렸다. 그러자 103동 남자도 주먹을 날렸다. 서로 치고 박고 난리가 났다. 사람들이 말리고 나서야 싸움은 끝이 났다.

103동 남자는 남을 배려할 줄도 모르고 자신의 잘못에 대해서도 사과를 하지 않는 아주 몰상식한 남자였다. 남의 차 뒤에 주차를 했으면 사이드브레이크를 풀어놓아 다른 차가 움직이는 데 지장을 주지 말아야 한다.

"더울 때 솜옷을 입은 사람이 곁에 앉았거든 비록 뜨겁더라도 더운 것을 말하지 말 것이며, 홑옷을 입은 사람을 보면 비록, 추운 겨울이라도 춥다고 하지 마라."

《명심보감明心寶鑑》에 나오는 말로 상대방에 대한 배려에 대해 잘 알게 한다. 103동 남자가 이 말을 알고 있었더라면 어떻게 했을까. 아마도 그와 같은 행동은 하지 않았을 것이다.

범사유인정 후래호상견凡事留人情 後來好相見이라는 말이 있다. 이 또한 《명심보감》에 나오는 말로 '매사에 인정을 베풀면 훗날 기쁘게 다시 만난다'는 뜻이다.

그렇다. 인정을 베풀면 사람들에게 좋은 이미지를 심어준다. 그래서 그 사람을 잊지 못하는 것이다.

자신이 상대로부터 존중받기를 바란다면 자신이 먼저 상대를 존중해주어야 한다. 무엇이든 심은 대로 거두는 법이다. 이를 실천하는 삶이 아름답고 유익한 인생이 되는 비법이다.*

027

# 힘으로는 부드럽고 연한 것을 이길 수 없다

부드럽고 약한 것은 생명의 특성이다. 강하다고 승리자가 될 수 없다. 힘으로는 부드럽고 연한 것을 이길 수 없기 때문이다. - 노자

진실로 강한 것은 부드럽다. 들판을 가득 수놓은 풀을 보면 그렇게 부드러울 수가 없다. 작고 연한 풀이든 갈대와 같이 키가 큰 풀이든 풀은 그 어느 것이든 부드럽고 연한 것이 특징이다.

그런데 풀은 세상에 존재하는 그 어느 나무보다도 강하고, 그 어느 식물보다도 강하다. 아무리 세찬 비바람이 휘몰아쳐도 풀은 절대 꺾이는 법이 없다. 그러나 나무나 전봇대는 부러지거나 쓰러진다. 연약한 풀이 꺾이지 않는 것은 한없이 부드럽기 때문이다. 풀은 바람이 불어오면 바람이 부는 방향에 따라 몸을 맡긴다. 바람의 방향에 따라 몸을 맡긴다는 것은 순응을 의미한다. 순응은 순리를 따르는 것이며 곧 조화를 의미한다.

그러나 나무나 전봇대는 단단하다. 단단하니까 바람이 부는 방향으로 몸을 맡기지 못한다. 순응하지 못하기 때문에 부러지거나

쓰러지는 것이다. 이는 곧 부조화를 의미한다.

임진왜란 때 이순신 장군과 신립 장군은 명장으로서 크게 활약했다. 그런데 이 둘은 같은 점도 있지만 다른 점이 더 컸다. 이순신은 부드러움과 강함을 동시에 지닌 장군이었다. 그는 강할 땐 누구보다도 강하고 부드러울 땐 누구보다도 부드러웠다. 이순신은 상황에 맞게 부드러움과 강함을 조절할 줄 알았다. 이순신이 임진왜란을 전승으로 이길 수 있었던 것은 바로 순응의 법칙 즉 조화로움을 잘 적용시켰기 때문이다.

그러나 신립 장군은 달랐다. 그는 온성부사로 있을 때 조선을 침입한 여진족 추장 니탕개를 물리치고 6진을 보존한 용맹한 장수로 이름이 높았다. 그로 인해 선조의 신임을 얻고 조정의 지지를 받았다. 하지만 그는 용맹한 반면 부드럽지 못한 편이었다. 이를 잘 알게 하는 일화이다.

서애 류성룡은 신립에게 물었던 적이 있다.

"변란이 곧 있을 것 같은데 장군이 이를 맡아야 할 것이네. 장군은 왜군을 어떻게 생각하는가?"

"두려울 것이 없습니다."

신립은 곧장 이렇게 말했다. 이에 류성룡이 말했다.

"그렇지 않다고 생각하네. 전에는 왜가 간단한 무기만 가졌지만, 지금은 조총을 가지고 있지 않은가?"

"조총을 가지고 있다고 하나 어찌 다 맞출 수 있겠습니까?"

"나라가 오랫동안 평안하여 병사들이 겁약하니 변란이 일어나면 힘들 것이네. 내 생각으로는 수년 후에 사람들이 훈련이 잘 되어도 변란이 나면 막을 수 있을지 심히 우려된다네."

류성룡은 신립의 말에 이리 말했지만 신립은 도무지 알아듣지 못했다고 한다.

이는 무엇을 말하는 걸까. 신립 장군이 우매하고 어리석어서가 아니라 지나치게 자신을 과신했다는 데 문제가 있다. 결국 그는 탄금대에서 배수진을 쳤으나 왜군에게 패하고 자결하고 말았다.

이순신과 신립의 차이는 바로 이것이다. 이순신은 부드러움과 강함을 잘 적용시킬 줄 알았지만, 신립은 자신의 강함만 너무 의존한 것이다.

위의 경우를 보더라도 부드러움이 강함을 이긴다는 걸 알 수 있다. 그러니 진실로 강한 것은 단단한 것이 아니라, 부드러움 속에 감춰진 강함인 것이다.

"나무와 풀을 보라. 생명이 있을 때 부드럽고 약하지만, 죽으면 마르고 굳어진다. 이 세상의 모든 것이 이와 같다. 부드럽고 약한 것은 생명의 특성이다. 강하다고 승리자가 될 수 없다. 힘으로는 부드럽고 연한 것을 이길 수 없기 때문이다."

노자老子의 말로 부드러움이야말로 진실로 강하다는 것을 잘 알게 한다.

현대사회는 다양성이 추구되는 다변화된 사회이다. 이처럼 복잡한 사회에서 잘 살아가기 위해서는 처세에 능해야 하는데, 이는 곧 상황에 따라 자신을 잘 맞춰 적용시키는 지혜가 필요하다는 것을 말하는 것이다.

진실로 강한 것은 부드러움이다. 부드러움과 강함을 잘 적용시키는 자가 진실로 강한 사람이다.*

028

# 너그럽고 관대하게 포용하라

만일 당신을 험담하는 악의적인 경쟁자가 있다면 냉정한 잣대로 평가하지 말고 관대하게 포용하라. 그러면 당신은 최고의 찬사와 행운을 얻게 될 것이다. - 발타자르 그리시안

자신에 대해 아무런 근거도 없이 험담하는 사람이 있다면 그것처럼 황당하고 화나는 일은 없을 것이다. 생각해보라. 나는 전혀 그런 적이 없는데 그런 말이 떠돈다면 기분이 어떻겠는지를. 험담하는 사람을 만나 그대로 되갚아주는 것은 물론, 그를 명예훼손죄로 고소하고 싶은 심정이 들 것이다.

그런데 이럴 때 험담한 자를 너그럽고 관대하게 대하면 그것은 직접적으로 되갚아주는 것보다 더 효과적이라고 16세기 스페인 작가이자 철학자이며, 성직자인 발타자르 그라시안Baltasar Gracián은 말했다. 다음 그의 말에는 이러한 생각이 잘 나타나 있다.

“만일 당신을 험담하는 악의적인 경쟁자가 있다면 냉정한 잣대로 평가하지 말고 관대하게 포용하라. 그러면 당신은 최고의 찬사와 행운을 얻게 될 것이다. 당신이 얻은 명성과 행운은 경쟁자를

혼란에 빠트리는 지독한 형벌과 같은 것이다. 스스로 발전을 도모하지 않고 다른 사람의 행운을 질투하기만 하는 어리석은 경쟁자는 상대에 대한 찬사가 들릴 때마다 매번 죽음을 겪는다. 상대방의 명성을 스스로에게 독으로 만들어버리기 때문이다. 때문에 명성을 얻은 자는 영예 속에서 경쟁자는 고뇌 속에서 살아가는 것이다."

발타자르 그리시안의 말은 관대함이 주는 영향력이 얼마나 큰지를 잘 알게 한다. 이에 대한 이야기이다.

어느 날 미 국방부 장관인 스탠턴이 화가 난 얼굴로 링컨을 방문했다. 링컨은 그의 표정에서 무슨 일이 있음을 직감했다.

"어서 오게. 그런데 무슨 일이 있는가?"

아니나 다를까, 링컨의 말에 스탠턴은 씩씩대며 말했다.

"각하, 너무 화가 나서 도무지 견딜 수가 없습니다."

스탠턴은 편지를 쥔 손을 부르르 떨며 말했다.

링컨은 빙그레 웃으며 무슨 일인지 말해보라고 했다. 그러자 스탠턴은 기다렸다는 듯이 이야기를 풀어놓았다.

얘기인즉슨 이랬다. 장군 중 하나가 자신을 험담하며 여기저기 소문을 퍼트린다고 했다. 링컨은 스탠턴의 말을 들으며 "저런, 장군이 상관인 장관을 험담하다니. 그런 고약한 사람을 봤나" 하며 그의 말을 두둔했다.

스탠턴은 장군에게 경고의 편지를 보내려고 한다며 말했다. 그러자 링컨은 편지를 읽어보라고 했다. 스탠턴은 편지를 읽어 내려가기 시작했다. 감정이 잔뜩 실려 있는 편지였다. 링컨은 맞장구를 쳐가며 어느 땐 주먹을 불끈 쥐고 흔들어대기도 했다. 그러한 링컨의 모습에 스탠턴은 더 큰 소리로 편지를 읽었다. 편지를 그대로 보냈다가는 문제가 생길 게 빤한 내용이었다. 편지를 다 읽고 난 후에도 화가 안 풀어졌는지 스탠턴은 연신 씩씩댔다.

"편지 내용을 보니 화가 날 만도 하네. 나라도 그랬을 걸세."

링컨의 말에 스탠턴은 "이제야 속이 좀 후련하네요" 하고 가슴을 쓸어내리며 말했다. 그런 스탠턴을 넌지시 바라보던 링컨이 그 편지를 보낼 거냐고 물었다. 그러자 스탠턴은 당장 보낼 거라고 말했다.

"이보게 스탠턴, 편지를 읽으며 화를 풀지 않았는가. 그런데 편지를 꼭 보내야 하겠나?"

링컨은 빙그레 웃으며 말했다. 그러자 스탠턴은 혼쭐을 내야 한다며 말했다.

링컨은 장관이 화가 난 걸 알면 장군은 장관을 대하기를 껄끄러워할 거라고 말하고는 장관이 그 모든 것을 알고 있으면서도 아무런 조치를 취하지 않으면 장관을 높이 평가할 것이라고 말했다. 링컨의 말에 스탠턴은 고개를 끄덕였다. 그리고 두 손으로 얼굴을 문지르고 나서 말했다.

"각하, 제가 너무 감정만 앞세웠습니다. 말씀을 듣고 보니 편지는 안 보내는 게 좋을 것 같습니다."

"하하, 그래? 잘 생각했네."

링컨은 그의 등을 두드리며 말했다. 스탠턴은 화가 난 처음과는 달리 웃으며 대통령 집무실을 나갔다. 링컨은 빙그레 웃으며 창밖을 바라보았다.

스탠턴은 링컨을 통해 관대한 마음이 무엇인지, 왜 관용의 마음을 지녀야 하는지를 분명히 알게 되었다.

링컨 역시 아일랜드 정치가인 제임스 쉴드를 "얼빠진 정치가"라고 험담하고 비판하는 바람에 큰 곤혹을 치른 적이 있다. 그 일을 통해 어떤 경우든 험담이나 비판은 옳지 않다는 것을 교훈으로 깨닫고 "비판받지 않으려면 비판하지 말라"는 말을 남겼던 것이다.

그 후 링컨은 비판과 험담 대신 칭찬하고 격려하는 사람으로 바뀌었다. 그러자 그에 대한 평판이 좋아짐은 물론 사람들로부터 존경받았으며 미국의 가장 훌륭한 대통령이 되었다.

불필요한 비판이나 험담은 절대 하지 말아야 한다. 또한 억울한 말을 들었을 땐 곧바로 대응하지 말고 상대가 잘못을 했다는 것을 알 수 있도록 관대하게 대하도록 노력한다면 상대는 자신의 잘못을 반성하고 자신에게 관대하게 대한 사람을 예로써 대할 것이다. 너그럽고 관대함은 인간관계를 매끄럽고 품격 있게 만드는 인격의 결정체이다.*

029

## 상대에게 호감을 사는 법

> 상대방을 신사로 만들려면, 그에게 신사 대접을 하라. 격려하라. 능력에 대하여 자신을 갖게 하라. 상대방이 중요하다는 느낌을 갖게 하라.
>
> – 데일 카네기

자기계발동기부여가이자 인간관계를 위한 처세술의 대가이며 영원한 베스트셀러 《카네기 처세술》의 저자인 데일 카네기는 인간관계에 관한 한 최고의 멘토로 손꼽힌다. 그는 수많은 사람을 만나면서 사람에 대한 연구를 통해 자신만의 영역을 이룬 소통전문가이다.

그는 상대의 호감을 사는 법에 대해 첫째, 작은 일에도 아낌없이 칭찬하라고 말한다. 칭찬은 기분을 끌어올리는 가장 좋은 비법이다.

둘째, 남의 잘못을 일깨워줄 때는 간접적으로 하라고 말한다. 직접적으로 하면 불쾌하게 생각하기 때문이다.

셋째, 상대에게 주의를 줄 때는 자신의 잘못을 먼저 말하라고 한다. 자신의 잘못을 밝히고 말하면 상대는 거부반응을 보이지 않는다.

넷째, 명령하듯 하지 말고 제안을 하라고 말한다. 제안을 하는 것은 상대를 존중하는 것이므로 상대는 기꺼이 받아들이게 된다.

다섯째, 상대방의 체면을 살려주라고 말한다. 체면을 세워주면 상대는 자신이 존중받는다고 여기게 되므로 진심으로 다가온다.

여섯째, 상대를 격려하고 능력에 대해 자신감을 갖게 하라고 말한다. 격려를 받고 자신감을 갖게 하는 말을 하면 상대는 자신감을 갖기 위해 노력하게 된다.

일곱째, 상대방이 중요한 사람이라는 느낌을 갖게 하라고 말한다. 상대방은 자신이 중요한 사람이라고 느끼게 되면 더 잘하려고 노력하게 된다. 그리고 상대가 자신에게 했듯이 자신 또한 최대한 예를 갖고 대할 것이다.

데일 카네기가 인간의 삶을 긍정적이고 능동적으로 변화시키는 탁월한 라이프 티처Life Teacher가 될 수 있었던 것은 철저한 연구를 통한 결과이다. 그의 강연을 듣고 그의 가르침대로 실천한 끝에 성공한 사람들이 숫자를 헤아리지 못할 정도로 많은 것은 그의 가르침이 그만큼 효율적이라는 방증이다.

데일 카네기의 이 말을 가슴에 새겨 실천하라. 그러면 좋은 결과를 얻게 될 것이다. 그의 말은 철저하게 검증된 비법이니까.*

030

# 사랑하는 사람에게 하듯 진실한 마음으로 칭찬하라

칭찬할 일이 생겼을 때 즉시 칭찬하라. 잘한 점을 구체적으로 칭찬하라. 가능하면 공개적으로 칭찬하라. 결과보다는 과정을 칭찬하라. 사랑하는 사람을 대하듯 칭찬하라. 거짓 없이 진실한 마음으로 칭찬하라. - 케네스 블랜차드

칭찬은 사람을 기분 좋게 할 뿐만 아니라 용기를 주고 격려를 하는 데 있어 최고의 수단이다. 사람은 칭찬을 듣게 되면 엔도르핀이 분비되어 기분을 끌어올리게 되고, 무엇이든지 긍정적으로 생각한다. 칭찬은 마법의 램프와 같아 칭찬을 많이 듣고 자란 사람이 그렇지 않은 사람에 비해 일의 능률이 좋고, 좋은 결과를 낸다.

미국의 자동차 회사인 포드를 창립한 헨리 포드Henry Ford는 자동차에 대한 꿈이 너무도 컸다. 그는 멋진 자동차를 만드는 꿈에 부풀어 열심히 노력했지만, 그의 주변 사람들을 비롯해 자동차 전문가들은 "자동차는 무슨? 공연히 헛수고만 하다 말걸"이라고 하며 그를 비웃었다. 심지어는 가족들조차도 그를 비웃었다.

그런데 단 한 사람, 발명왕 토머스 에디슨만은 그를 달리 보았다. 에디슨은 그가 보여준 자동차엔진 설계도를 보고는 "참 멋진

설계도일세. 이는 틀림없이 좋은 발명품이 될 거야. 내가 보기엔 이미 자넨 성공한 거나 다름없네"라고 크게 칭찬하였다.

포드는 자신이 존경하는 에디슨으로부터 칭찬을 받자 하늘을 나는 듯 기분이 좋았다. 그는 그날 이후 더 적극적으로 엔진 개발에 최선을 다했다. 그리고 마침내 멋진 자동차를 만들어냈다. 그가 만든 자동차는 기존의 다른 차들보다 더 놀라운 속도로 달렸다. 그러자 소문은 금세 퍼져 나가기 시작했고, 그의 자동차를 갖고 싶어하는 사람들로 넘쳐났다. 포드는 자신의 이름을 따 '포드'라는 자동차 회사를 설립했다. 그가 만든 자동차는 날개 돋친 듯 팔려나갔고, 그의 회사는 최고의 자동차 회사로 우뚝 섰다.

그가 성공할 수 있었던 것은 에디슨의 한마디 칭찬이었다. 에디슨의 칭찬은 그에게 용기와 창의적인 에너지를 심어주었던 것이다.

"칭찬할 일이 생겼을 때 즉시 칭찬하라. 잘한 점을 구체적으로 칭찬하라. 가능하면 공개적으로 칭찬하라. 결과보다는 과정을 칭찬하라. 사랑하는 사람을 대하듯 칭찬하라. 거짓 없이 진실한 마음으로 칭찬하라. 긍정적인 눈으로 보면 칭찬할 일이 보인다. 일이 잘 풀리지 않을 때 더욱 격려하라. 잘못된 일이 생기면, 관심을 다른 방향으로 유도하라. 가끔씩 자기 자신을 칭찬하라."

이는 경영학박사이자 리더십과 팀 매니지먼트 분야의 세계적인 컨설턴트이며 《칭찬은 고래도 춤추게 한다》의 저자인 케네스 블랜차드Kenneth Blanchard의 말로, 칭찬의 효과와 그 가치에 대해 잘 알게 한다.

전설적인 테너 엔리코 카루소, 세계 최고의 동화작가인 한스 크리시스티안 안데르센 등과 같이 칭찬 하나로 자신의 인생을 성공으로 이끌어낸 많은 사람들이 있다. 이를 보더라도 칭찬이 인간에게 미치는 영향이 얼마나 크고 위대하게 작용하는지를 잘 알 수 있다.

자신이 사랑하는 사람들을 칭찬하라. 칭찬받는 사람은 물론, 칭찬하는 사람도 좋은 에너지를 받게 됨으로써 자신의 인생을 풍요롭게 살게 될 것이다.*

CHAPTER 4

# 인생이라는 바다에서 살아남는 법

031

## 열정을 심어주는 비결

> 사람들에게 열정을 심어주는 비결은 나의 제일가는 재산이라고 생각한다. 사람들에게 최선을 다하도록 만드는 방법은 칭찬과 격려인 것이다. 사람의 큰 꿈을 죽이는 것은 상사의 비평이다. 나는 아무에게도 비평을 하지 않는다. - 찰스 스왑

뛰어난 리더는 창의적이고 도전을 두려워하지 않을 뿐만 아니라, 사람들을 잘 따르게 하는 능력이 탁월하다. 아무리 창의력이 뛰어나고 능력이 출중하다고 해도 사람들과의 관계가 좋지 않으면 성공하는 데 문제가 있다. 사람과의 관계 맺음을 잘하는 사람이 성공하는 확률이 높은 건 모든 것은 인간이 중심이고 인간에 의해 이루어지기 때문이다.

삼성그룹 이건희 회장은 자신은 '사람공부'를 했다고 한다. 그는 자기 분야에서 최고의 자리에 오른 사람들을 직접 만나 그들이 성공할 수 있었던 비결을 연구하고 공부했다. 또한 다양한 책을 통해 사람공부를 함으로써 인간관계의 법칙을 배웠다. 그리고 그것을 자신에게 적용시킴으로써 좋은 인재를 자신의 곁에 두는 데 큰 도움을 받았다. 그 결과 삼성을 세계 초일류기업으로 성장시키는 놀

라운 기적을 이뤄냈다.

이건희의 성공비결은 첫째, 자신이 원하는 인재를 얻기 위해서는 국내는 물론 국외까지 발 벗고 나서서 영입하는 데 최선을 다했다. 상대가 영입에 동의할 때까지 몇 번이고 찾아가거나 자신의 집으로 초대해 함께 식사를 하는 등 인간적으로 대함으로써 상대가 '예스'를 하게 만들었다.

둘째, 자신이 원하는 인재에게는 그에 맞는 처우를 해주어 상대가 인정받고 대우받는다는 것을 느끼게 함으로써 일에 열중하게 했다. 사람은 누구나 자신에게 맞는 처우를 해주면 자신 또한 그에 대한 대가를 치르기 위해 최선을 다하게 된다.

셋째, 능력이 뛰어난 인재는 학벌에 관계없이 영입하고 승진하게 함으로써 능력을 인정해주었다. 사람은 대개 자신이 인정받는다고 여기게 되면 자신을 인정해준 사람을 위해 최선을 다해 보답하려고 한다. 이를 적절하게 잘 적용하였던 것이다.

넷째, 인재들의 능력을 개발하기 위해 끊임없이 교육을 실시하였으며, 해외 연수를 통해 새로운 기술과 기업문화를 익히게 함으로써 각 개개인의 능력을 끌어올리는 데 집중하였다.

다섯째, 경영진들은 퇴직을 하면 고문으로 예우하여 그들이 가진 노하우를 적극 활용하게 함으로써 회사 발전에 기여하게 하였다. 나이 들어 퇴직한 이들은 자신들에게 일을 맡긴다는 것만으로도 자신들이 예우를 받는다 생각하여 자신의 모든 능력을 내어주려고 한다.

이건희는 이 다섯 가지 방법을 실천함으로써 자신이 원하는 인재를 통해 삼성을 최고의 기업으로 성장시킬 수 있었다. 사람들에게 열정을 심어주는 뛰어난 능력을 지닌 이건희의 인재 사용법은 탁월함 그 자체였다.

"사람들에게 열정을 심어주는 비결은 나의 제일가는 재산이라고 생각한다. 사람들에게 최선을 다하도록 만드는 방법은 칭찬과 격려인 것이다. 사람의 큰 꿈을 죽이는 것은 상사의 비평이다. 나는 아무에게도 비평을 하지 않는다. 나는 일에 대한 대가를 지불해야 된다고 믿는다. 나는 칭찬하기를 좋아한다. 그러나 약점을 잡아 비평하기를 싫어한다. 나는 성심성의를 다해서 인정하고 칭찬한다. 나는 무슨 일을 하든지 전심전력을 다한다."

미국 US 철강회사 CEO를 지낸 탁월한 리더인 찰스 스왑Charles Schwab의 말로 사람들에게 열정을 심어주는 비결을 잘 알게 한다.

찰스 스왑은 노동자 출신으로 카네기의 눈에 띄어 발탁된 인재이다. 그는 동료들 간에 소통능력이 뛰어났으며, 사람들을 잘 다루는 등 인간관계에 출중했다. 이를 눈여겨본 카네기는 그를 간부로 임명하였으며, 그는 자신의 능력을 최대한 발휘함으로써 카네기의 기대에 부응하였다. 그리고 훗날 US 철강을 세계 최고의 철강회사가 되게 했는데 그의 비결은 '비판은 절대 금물, 칭찬과 격려는 아낌없이 하는 것'이었다.

사람들이 더불어 살아가는 이 사회에서는 사람이 중심이며 사람에 의해 모든 것이 진행되고 결정된다. 사람들에게 열정을 심어주는 비결을 통해 자신의 인생을 최고로 만드는 데 최선을 다하는 사람이야말로 진실로 행복한 인생이다.*

032

## 자신이 원하는 인생을 사는 법

인간의 뜻, 그 보이지 않는 힘, 멸하지 않는 영혼의 자손들은 두꺼운 암벽도 뚫고 목표를 향해 길을 넓혀간다. 또박또박 걸어가는 지루한 노정에도 인내를 버리지 말아야 한다. 이해하는 자여, 기다려라. 고결한 마음이 부르면 신들도 필시 화답할 것이다.

– 제임스 앨런

자신이 원하는 인생을 사는 것처럼 행복한 일은 없다. 그것은 자신을 온전히 사는 인생이며, 자신의 꿈을 이룬 인생이기 때문이다. 자신이 원하는 인생을 살기 위해 가다 보면 가시밭길을 만나기도 하고, 시련의 강을 마주치기도 한다. 그 길을 가기 위해서는 힘들어도 가야 하고 두려워도 가야 한다. 이리저리 머뭇거리다가는 절대 갈 수 없다. 그 길은 많은 열정과 노력이 따라야 갈 수 있다. 동서고금을 막론하고 자신이 원하는 인생을 살았던 사람들은 하나같이 이런 과정을 거쳤다.

그런데 사람들 중엔 인생을 너무 쉽게 살려고 하는 이들이 있다. 쉽게 살려다 보니 남에게 상처를 주고 자신도 상처를 받곤 한다. 쉽게 사는 인생은 인생의 참맛을 모른다. 오래 끓여야 진국이 우러나는 사골처럼, 맛있는 인생은 시련과 고통을 이겨내기 위해 노력하는 가운데 느끼게 되고, 좋은 결과를 통해 알게 되는 것이다.

자신이 원하는 인생을 살기 위해서는 어떻게 해야 할까?

첫째, 도전을 두려워해서는 안 된다. 도전 아닌 인생은 없다. 도전을 일상의 일처럼 여기고, 자신이 하고 싶은 일엔 언제든지 도전해야 그 어떤 결과도 얻게 되고 마침내 원하는 인생이 된다.

둘째, 요행을 바라지 말고 자신의 땀을 믿어야 한다. 요행은 말 그대로 요행일 뿐이다. 요행은 오지 않는 버스를 기다리는 것과 같다. 자신의 땀방울을 믿는 것이 자신이 원하는 인생을 사는 가장 확실한 방법이다. 땀방울 흘리며 공부하고 땀방울 흘리며 일해야 한다.

셋째, 끝까지 하는 힘을 가져야 한다. 많은 사람들이 원하는 인생을 살지 못하는 것은 중도에서 포기하기 때문이다. 아무리 힘들고 어려워도 중도에서 포기하지 않고, 의지와 신념으로 자신을 극복해야 한다.

넷째, 지금 자신의 환경을 탓하지 말아야 한다. 환경을 탓하는 것은 못난 사람들이나 하는 일이다. 자신의 환경을 기꺼이 받아들여라. 그렇게 되면 환경을 탓하는 대신 환경을 극복하려는 마음이 발동하게 된다.

다섯째, 창의적이고 혁신적인 생각을 가져야 한다. 지금과 다른 새로운 생각, 새로운 마인드로 자기만의 색깔을 보여주어야 한다.

자기다운 것, 그것이 가장 자기답게 사는 길이다.

"당신은 원하는 인간이 될 수 있다. 비열한 마음은 실패의 원인을 환경에서 찾지만, 그것을 나무라는 고결한 마음은 늘 자유롭다. 고결한 마음은 시간을 거느리고 공간을 다스린다. 겁먹은 허풍선인 사기꾼 우연은 전제군주 환경의 왕관을 빼앗으려고 의욕적으로 봉사한다. 인간의 뜻, 그 보이지 않는 힘, 멸하지 않는 영혼의 자손들은 두꺼운 암벽도 뚫고 목표를 향해 길을 넓혀간다. 또박또박 걸어가는 지루한 노정에도 인내를 버리지 말아야 한다. 이해하는 자여, 기다려라. 고결한 마음이 부르면 신들도 필시 화답할 것이다."

인생의 멘토이자 《마음의 평화에 이르는 길》, 《생각의 지혜》 등으로 널리 알려진 제임스 앨런James Allen의 말로 자신이 원하는 인생에 대해 잘 알게 한다.

자신이 원하는 인생을 살기 위해서는 땀방울을 아끼지 말아야 한다. 땀방울의 양만큼 사는 게 자기의 인생이다.*

033

## 인간관계의 라이선스Licence, 믿음과 신뢰

믿음은 산산조각 난 세상을 빛으로 나오게 하는 힘이다.
- 헬렌 켈러

인간관계에 있어 가장 중요한 것은 믿음과 신뢰이다. 믿음은 나와 상대방을 굳게 맺어줌으로써 서로 신뢰를 구축하게 하는 중요한 소통의 필수요소이다. 믿음과 신뢰가 튼튼하다면 모든 것이 순조롭게 이어지지만, 불신으로 가득 차면 불행한 일에 직면하게 된다.

"믿음이 부족하면 불신이 생긴다."

이는 노자老子의 《도덕경道德經》에 나오는 말로 '믿음이 가지 않으면 믿고 따르지 못한다'는 뜻이다.

그렇다. 신뢰가 가지 않는데 어떻게 믿고 따를 수 있겠는가. 그 대상이 그 누구라 할지라도 믿음이 부족하면 믿고 따르지 못하는 것은 당연지사다. 믿음과 신뢰는 인간이 살아가는 데 가장 근본적이면서, 가장 소중하게 여겨야 할 핵심적인 마인드이니까 말이다.

민족의 위대한 영웅이자 스승인 김구金九는 믿음과 신뢰를 매우 중요하게 여겼다. 그는 사람을 대할 때 늘 믿음과 신뢰로 대했다. 처음 본 사람도 이 사람은 나를 배신하지 않을 거라는 확신을 갖고 믿음의 눈으로 대하면 상대에 대한 그의 믿음과 신뢰는 그대로 적중하였다. 이에 대한 이야기이다.

김구가 임시정부의 재무부장 및 상해 민단 단장으로 재직하던 어느 날, 낯선 남자가 찾아왔다. 그는 자신을 일본에서 왔다고 소개한 뒤 독립운동을 하고 싶다고 말했다. 그는 조국의 독립을 위해 자신이 직접 천황을 죽이겠으니 지원을 해달라고 간청하였다. 김구는 그의 말을 듣고 쾌히 승낙하였다. 그의 의지가 너무도 확고했음을 본 것이다.

김구는 일 년여 동안 철저히 비밀리에 거사 준비를 마치고 남자를 일본으로 보냈다. 일본으로 간 남자는 기회를 엿보다 기회가 오자 거사를 벌였지만 안타깝게도 실패로 끝나고 말았다. 하지만 이 사건은 전 세계에 보도되었고, 독립에 대한 대한민국의 확고한 의지를 내보인 절호의 기회가 되었다. 거사를 실행한 남자는 바로 이봉창 의사이다.

"그저께 선생께서 해진 옷 속에서 꺼내주신 큰돈을 받아갈 때 눈물이 나더이다. 일전에 민단 사무실 직원들이 밥을 굶은 듯하여, 제 돈으로 국수를 사서 같이 먹은 일이 있습니다. 그런데 생각지 못한 돈뭉치를 믿고 주시니 아무 말도 못하겠더이다. 제가 이 돈을 마음대로 써버리더라도, 선생님은 불란서 조계지에서 한 걸음도 못 나오실 터이지요. 과연 영웅의 도량이십니다. 제 일생에 이런 신임을 받은 것은 선생께 처음이요 마지막입니다.”

이는 이봉창이 한 말로, 그가 일본으로 거사를 벌이러 갈 때 김구는 그에게 폭탄 두 개와 돈 300원을 주었다. 그리고 말하기를 이 돈을 동경에 도착하기 전에 다 쓰라고 하면서, 동경에 도착해서 전보를 하면 다시 돈을 보내주겠다고 했다. 거사를 벌이고 마지막 가는 길에 그에 대한 아낌없는 사랑과 예우를 보여준 것이다. 이봉창은 김구의 믿음과 신뢰에 대한 감사한 마음을 이처럼 표현한 것이다.

윤봉길이 홍구공원에서 천황의 생일을 맞아 경축식을 하는 날 폭탄을 투척하여 경축식을 쑥대밭으로 만들었다. 이날 거사로 상해파견 사령관인 시라카와 대장은 사망하고, 9사단장 우에다 중장은 발가락을 잘리고, 거류민단장은 사망했으며, 제3함대사령관 노무라는 오른쪽 눈을 잃었다.

이 사건으로 임시정부의 위상은 높아졌고, 조국에 있는 국민들과 해외 동포들에게 큰 희망과 위안이 되었다. 또한 전 세계에 대한민국의 위상을 널리 알리는 데 큰 역할을 하였다.

“나는 이번 일이 확실히 성공할 것을 미리부터 알고 있었소. 군이 일전에 내 말을 듣고 나서 하신 말씀 중에 ‘이제는 가슴속의 번민이 가라앉고 편안해진다'고 한 것은 성공의 철석같은 증거로 믿고 있소. 내가 치하포에서 쓰치다를 죽이려 할 때 가슴이 울렁거렸으나, 고능선 선생이 가르쳐주신 '가지 잡고 나무에 오르는 것은 그다지 대단할 것은 없으나, 벼랑에 매달려 잡은 손을 놓을 수 있어야 장부라 할 수 있다'는 구절을 떠올리고 마음이 가라앉았소. 군과 나의 결심행동이 서로 같은 까닭이 아니겠소."

이는 김구가 윤봉길에게 한 말로 그가 거사에 반드시 성공할 것을 믿고 신뢰한다는 것을 확고하게 보여준 말이다.

결국 윤봉길은 김구의 믿음처럼 거사에 성공하였다. 역시 김구는 큰 도량을 가진 대인이자 현자라는 것을 알 수 있다.

"믿음은 산산조각 난 세상을 빛으로 나오게 하는 힘이다."

이는 교육자이며 사회주의 운동가이자 《사흘만 볼 수 있다면》, 《나의 스승 설리번》의 저자인 헬렌 켈러Helen Keller가 한 말로 믿음의 중요성에 대해 잘 알게 한다.

또한 《채근담採根譚》에는 다음과 같은 말이 있다.

"사람을 믿는다는 것은 사람이 반드시 모두 성실하지 못하더라도 자기만은 홀로 성실하기 때문이며, 사람을 의심하는 것은 사람이 반드시 모두를 속이지 않더라도 자기가 먼저 스스로를 속이기 때문이다."

이는 사람을 믿고 신뢰하는 사람의 성실함을 말한다. 그리고 자신을 속이는 사람은 남을 믿고 신뢰할 수 없다는 것을 의미한다. 아주 적확한 지적이라고 하겠다.

늘 자신을 살펴 믿음과 신뢰를 길러야 한다. 이를 꾸준히 실천에 옮긴다면 어느 누구에게도 믿음과 신뢰를 줄 수 있다. 자신이 하는 일은 물론 자신이 원하는 삶을 살고 싶다면 믿음과 신뢰를 소중히 해야 한다.*

034

# 가장 실속 있는 대화법

> 자기의 말을 잘 듣고 있다는 느낌을 상대방에게 가지게 하는 것이 가장 실속 있는 대화법이므로 이를 잘 활용할 필요가 있다. - 로저 피셔

현대사회에서 말을 잘하는 것은 성공의 필수조건 중에서도 가장 중요한 조건이라고 할 수 있다. 말은 자신의 생각을 신속하게 전달하는 수단이자, 상대와의 협상에 있어 'Yes'를 이끌어내는 주요한 수단이기 때문이다.

현대사회는 각 개개인이 브랜드라고 할 만큼 그 자신이 하나의 상품과도 같다. 자신을 얼마나 사람들에게 잘 알리느냐에 따라 그 사람의 인생은 달라진다. 말은 자신을 알리는 데 있어 가장 쉽고 가장 빠르게 알리는 수단이므로 말을 잘한다는 것은 곧 최선의 경쟁력과 같다.

우리의 삶은 사람들과의 관계 맺음으로 이어지고 그 과정을 거치면서 자신이 원하는 것을 얻게 된다. 그러니까 자신이 원하는 것을 얻기 위해서는 상대방을 설득하고 협상을 유리하게 이끌어내야

한다.

인간관계에 있어 실속 있는 대화를 통해 자신이 원하는 것을 얻기 위해서는 상대의 말을 주의 깊게 들어야 한다. 사람은 누구나 자신의 말을 잘 들어주는 사람에게 관심과 믿음을 갖게 된다. 왜 이런 현상을 보이는 걸까?

첫째, 배려심이 좋다고 믿기 때문이다. 배려심이 좋은 사람은 남의 말을 함부로 여기지 않는다. 말하는 이가 최대한 자신의 말을 잘 전달할 수 있도록 주의 깊게 들어준다. 그러니 이런 사람에게 관심과 믿음을 갖게 되는 것은 당연한 일이다.

둘째, 예의가 있다고 믿기 때문이다. 예의가 있는 사람은 상대를 존중함으로 상대에게 좋은 이미지를 심어준다. 그래서 그 사람과의 인간관계를 유지하고 자신 또한 그에게 잘하려고 노력한다.

셋째, 자신에게 관심을 가져준다고 믿기 때문이다. 그런 까닭에 자신 또한 그가 원하는 것을 들어주기 위해 최대한 관심을 집중시키게 되는 것이다.

이에 대해 미국 하버드대학 로스쿨Law School 교수이자 《Yes를 이끌어내는 협상법》의 저자 로저 피셔Roger Fisher는 다음과 같이 말했다.

"상대방의 말을 주의 깊게 들어야 한다는 것을 잘 알고 있지만, 실제에 있어 그렇게 하기란 쉽지 않다. 중요한 협상을 할 때는 더

더욱 그러하다. 그러나 상대방의 말에 집중해서 듣는다면 상대방의 생각의 흐름을 이해할 수 있고 상대방의 감정까지 알 수 있으며 무슨 말을 할 것인지도 짐작할 수 있다. 그리고 상대방은 자신의 말을 잘 듣고 있다고 믿어 만족하게 된다. 자기의 말을 잘 듣고 있다는 느낌을 상대방에게 가지게 하는 것이 가장 실속 있는 대화법이므로 이를 잘 활용할 필요가 있다."

로저 피셔의 말을 보면 상대방의 말을 집중해서 듣는 것이 얼마나 좋은 대화법인지를 잘 알 수 있다.

자기계발동기부여가인 데일 카네기 또한 "경청은 참 좋은 대화법이다"라고 말했다. 그렇다. 자신의 말을 논리 있게 잘 전달하는 것도 말을 잘하는 것이지만, 상대의 말을 잘 들어주는 것 또한 말을 잘하는 것과 같다.

말은 좋은 성공 수단인만큼 상대방의 말을 집중해서 경청한다면 상대의 관심과 호감을 사게 됨으로써 자신이 원하는 것을 얻게 된다. 경청이 가장 좋은 대화법인 이유가 바로 여기에 있다.*

035

# 축복의 전주곡, 고난

하늘이 그 사람에게 큰 임무를 내리려 할 때에는 반드시 먼저 그 심지를 지치게 하고, 뼈마디가 꺾어지는 고난을 당하게 하며 그 몸을 굶주리게 하고, 그 생활을 빈궁에 빠뜨려 하는 일마다 어지럽힌다. – 맹자

인간에게 고난은 어떤 의미일까. 타고난 운명일까, 아니면 지금보다 나은 내일을 위한 축복의 전주곡일까. 이에 대해 대개의 사람들은 운명이라고 생각한다. 즉 자신이 그렇게 태어난 존재라는 것이다. 어떻게 보면 공감이 가기도 하는 말이다.

그러나 이에 대해 맹자孟子는 이렇게 말했다.

"하늘이 그 사람에게 큰 임무를 내리려 할 때에는 반드시 먼저 그 심지를 지치게 하고, 뼈마디가 꺾어지는 고난을 당하게 하며 그 몸을 굶주리게 하고, 그 생활을 빈궁에 빠뜨려 하는 일마다 어지럽힌다. 이는 그의 마음을 두들겨 참을성을 길러주어 지금까지 할 수 없었던 일도 능히 할 수 있게 하기 위함이다."

맹자의 말은 고난은 큰 축복을 받기 위한 시련의 과정임을 의미한다. 그러니까 마음이 찢어지듯 아프고 뼈를 깎는 고통과 배고픔

의 가난 등 이 모두는 하늘이 큰일을 잘 해낼 수 있도록 하기 위한 훈련과도 같다는 말이다. 그리고 이를 잘 참고 견디면 큰 축복이 온다는 것을 뜻한다. 이는 역사적으로도 증명된 사실이다.

독일의 음악가로 고전주의 음악의 완성자이며 낭만주의 음악의 창시자로 평가받는 루드비히 반 베토벤Ludwig van Beethoven은 일찍이 어머니를 여의고 동생들을 거두는 가장이 되었다. 그는 돈을 벌기 위해 음악을 해야만 했다. 물론 그 자신이 목숨처럼 좋아서 하는 음악이었지만 그에게는 동생들과의 생존이 달린 문제이기도 했다. 그는 타고난 천재성으로 두각을 나타내며 찬사를 한몸에 받았다.

그러나 그에게 크나큰 시련이 찾아왔다. 그가 청력을 잃은 것이다. 소리를 생명으로 하는 음악가가 소리를 들을 수 없다는 것은 절망을 넘어 죽음 그 자체였다. 베토벤은 너무 고통스러워 자살을 생각했다. 그러나 그는 자살의 유혹을 이겨내고 악보를 그리는 데 열중하였다. 그 결과 〈영웅〉, 〈운명〉, 〈전원〉, 〈합창〉, 〈월광 소나타〉, 〈비창〉 외 수많은 명곡을 작곡하였다.

그는 청력을 잃고 더 좋은 곡을 작곡하였다. 비록 귀로는 들을 수 없지만 마음의 귀로 듣고 느낌으로써 청력을 잃기 전보다 더 훌륭한 곡을 쓸 수 있었다.

뼈를 깎는 아픔과 시련은 베토벤을 너무도 힘들게 해 유서를 쓰게 했지만 그는 결코 시련과 고난 앞에 무릎 꿇지 않았다. 그 결과 그는 세계 최고의 음악가가 될 수 있었다.

베토벤을 통해 고난과 시련은 마음을 강하게 하고 인내심을 기르게 하여 꿈을 이루게 하는 강력한 추진력이 된다는 것을 알 수 있다.

이에 대해 미국의 심리학자인 바바라 골든은 이렇게 말했다.

"나는 내 힘으로 도저히 극복할 수 없을 것 같은 어려움에 부딪힐 때면 종종 애벌레와 나비를 생각한다. 애벌레가 고치를 뚫고 나오는 데는 엄청난 노력이 뒤따른다. 그러나 살아남기 위해서는 피할 수 없는 절차다.

우리의 삶도 마찬가지이다. 힘들고 어렵다고 피하려고만 하면 결과적으로 이익은커녕 손해만 보게 된다. 진정한 자아를 탄생시킬 수 없음은 말할 것도 없다.

온몸이 부서질 듯한 고통을 인내하며 최선을 다하는 과정에서 얻어지는 내적성장은 목적지로 우리를 도달하게 하는 강한 추진력이 된다. 나비가 혼자 힘으로 고치를 벗고 나오지 못해 다른 누군가의 도움을 받는다면 하늘을 나는 데 필요한 힘을 기를 수 없다. 날개를 활짝 펴고 멋지게 탈바꿈하기 위해서는 혼자만의 힘든 시기를 거쳐야만 하는 것이다."

고난을 고난이라고 생각하면 힘들고 고통스러운 일일뿐 아무것도 아니다. 그러나 고난을 축복으로 여기면 고난을 통해 축복을 받게 된다. 고난이 닥쳐오면 '아, 내가 축복받을 일이 있나 보다' 생각하고 고난을 이겨내야겠다.*

036

# 인생이라는 바다에서 살아남는 법

인생이라는 바다에 큰 폭풍우가 몰아칠 때 안전한 해변에서 하나님이 구원해주시지 않을까 가만히 기다리지 말고 몸과 마음을 다해 힘껏 헤쳐 나가라.
- 존 휘티어

인생이라는 바다에서 살아가기 위해서는 많은 인내가 필요하다. 고난의 비바람이 휘몰아칠 때도 있고, 태풍의 시련으로 삶이 송두리째 흔들릴 수도 있고, 슬픔의 해일로 인해 좌절과 절망으로 몸부림칠 때도 있다. 이럴 때 그 참담함이란 이루 말할 수 없다.

그러나 그렇다고 해서 주저앉을 수는 없다. 그것은 삶의 패배를 부르는 일이기 때문이다. 삶의 고통을 이길 수 있는 가장 좋은 방법은 삶에 맞서는 것이다.

미국의 대표적인 시인인 롱펠로와 쌍벽을 이루는 시인 존 휘티어John Whitter는 헤이버힐 중등학교 2학기를 다니다 그만두었다. 휘티어가 가장 존경한 시인은 존 밀턴이었다. 그가 존 밀턴을 존경한 것은 올바른 삶을 추구했기 때문인데 그 역시 그렇게 살기를 바랐다.

그러나 휘티어는 시는 직업으로는 마땅하지 않다는 아버지의 설득으로 언론에 발을 담갔다. 그는 보스턴과 헤이버힐에서 신문을 편집했으며, 1830년 〈뉴잉글랜드 위클리 리뷰〉의 편집장이 되었다. 이때 그는 시와 단편을 썼으며, 최초의 시집 《뉴잉글랜드의 전설》을 출판했다.

그 후 고향으로 돌아가 문학적으로 인정받지 못한 것에 대한 상실감으로 좌절하였으며, 사랑에도 실패하고 건강 또한 좋지 않아 상실감은 더욱 컸다. 그러나 그 모든 것은 자신의 자만심 때문에 생긴 일이라고 스스로 마음을 달래고 삶을 더 능동적으로 살기로 결심했다.

그는 개리슨의 노예제 폐지론을 받아들여 노예 폐지운동에 매달려 중심인물이 되었으며, 10년 동안 이 분야에서 가장 영향력 있는 작가로 부각되었다. 그리고 그는 메사추세츠의 주의회 의원으로 선출되었으며, 로비스트로 이름을 떨쳤다.

그는 문학에 더욱 매진하였는데 20년 동안 8권의 시집을 출간하였으며, 유일한 장편소설 《마거릿 스미스의 일기장》을 출간하였다. 또한 논설과 평론 등 다양한 글을 썼다. 1866년 그의 베스트 시집 《눈 속에 갇혀》를 내었으며 이어 《해변에 텐트》, 《언덕들 사이에서》 등의 시집을 출간하였다.

존 휘티어는 평생을 가난하게 살았지만 자신의 원하는 인생을 살았던 의지와 집념의 시인이었다. 그는 자신의 경험에서 배운 삶의 철학을 다음과 같이 말했다.

"인생이라는 바다에 큰 폭풍우가 몰아칠 때 안전한 해변에서 하나님이 구원해주시지 않을까 가만히 기다리지 말고 몸과 마음을 다해 힘껏 헤쳐 나가라. 칼바람이 불어와 바늘처럼 살을 찌를 때 두꺼운 옷으로 온몸을 가려 그 신성한 힘, 그 신성한 목적을 무시하지 말고 온 신경을 곤두세우며 견뎌내라."

살아가면서 힘들고 어려울 때 존 휘티어가 한 이 말을 가슴에 새겨 이겨낸다면 어려움을 극복하고 자신이 원하는 인생을 살아가는데 큰 도움이 될 것이다. 인생의 바다에서 살아남는 법은 바로 인생의 바다에 맞서는 것이기 때문이다.*

037

## 나를 잘되게 하는 말, 나를 망치게 하는 말

입은 재앙의 문이니 말을 할 땐 조심해서 해야 한다.
-《전당서》

말은 참 중요한 소통의 수단이다. 말은 자신의 생각을 상대에게 전함으로써 자신이 원하는 것을 얻게 한다. 말을 잘한다는 것은 자산과도 같다. 그런 까닭에 "말 한마디에 천 냥 빚을 갚는다"는 속담도 있다. 이렇듯 좋은 말은 상대를 즐겁게 하고 행복하게 함으로써 자신에게도 덕이 된다.

그러나 나쁜 말은 상대를 분노하게 하고 그것은 날카로운 화살이 되어 자신에게 돌아온다. 나쁜 말은 상대는 물론 자신을 해치는 독화살과도 같다.

세 치 혀는 10센티미터도 안 되지만 이 세상 그 어떤 것보다도 강하고, 원자폭탄보다도 무섭다. 좋은 말과 나쁜 말도 같은 입에서 나온다. 같은 말도 어떻게 하느냐에 따라 복이 되기도 하고 화가 되기도 한다.

지금 우리 사회는 말로 인해 평생 쌓아올린 공든 탑을 무너뜨리는 이들로 떠들썩하다. 술자리에서 한 말이 날개를 달고 날아가 국민들을 분노하게 하여 하루아침에 천덕꾸러기가 되고, 쓰레기 같은 존재로 전락하는 등 자신이 한 말로 인해 패가망신하는 모습은 씁쓸하다 못해 통쾌하기까지 하다.

특히, 정치판은 말이 독화살이 되어 날아다니는 가장 추악한 집단이다. 근거도 없이 상대를 비판하고 음해하다 도리어 자신이 한 말의 독화살을 맞고 정치판에서 내몰리는 이들을 보면 그 행태가 천박하기 그지없다.

책임도 지지 못할 말을 한다는 것은 스스로 자신의 무덤을 파는 파렴치한 행위이다. 말은 필요할 때만 하는 것이다. 말이 많다 보면 쓸모 있는 말보다는 쓸모없는 말이 더 많다. 쓸모없는 말로 인해 세상이 어지러운 이때에 말을 잘하고 처신을 잘 함으로써 자신의 인생을 풍요롭게 하여 귀감이 되는 이야기가 있다.

중국 당나라 때 풍도馮道라는 사람이 있었다. 어릴 때부터 책과 글을 좋아하고 문학적 재능이 뛰어나 사람들로부터 미래가 촉망되는 기재라는 말을 들었다. 그는 당나라 말기 유주절도사 휘하의 속리로 첫 관직생활을 시작했다. 비록 미관말직이었지만 그는 절도와 원칙에 따라 말하고 행동함으로써 상관들은 물론 동료들도 그를 함부로 대하지 않았다.

당시 당나라는 황제의 권위가 추락하고, 국가로서의 조직력이 약해져 지방의 절도사들이 각 지역을 마치 군왕처럼 통치하였다. 그러던 중 907년 당나라는 절도사 주전충에 의해 멸망하고 주전충은 후량을 건국하였다. 주전충은 황제로 등극하고 그의 동지인 이극용은 진왕이라는 칭호와 함께 후량을 다스렸다. 그러다 이극용이 1년 만에 죽고 그의 아들인 이존욱이 진왕이 되었다.

이때 풍도는 야심가인 유주절도사 유수광 밑에 있었다. 그는 이존욱과 전쟁 준비를 했다. 이때 풍도는 진왕은 물론 후량과 싸울 수 없다고 말하다 옥에 갇히고 말았다. 유수광은 이존욱과 전쟁을 벌였지만 패하고 말았다. 바로 이때 풍도는 자신의 운명을 바꿀 사람을 만났다. 그는 바로 환관 출신인 장승업이다. 이존욱이 그를 형이라고 부를 만큼 둘은 절친한 사이였다. 그는 풍도가 옥에 갇힌 사실을 잘 알고 있어 그를 이존욱에게 소개하였고, 그의 능력을 간파한 이존욱은 그를 자신의 참모로 삼았다.

그 후 후당의 황제가 된 이존욱은 풍도를 재상으로 임명하였다. 풍도는 백성을 지극히 위하는 마음으로 비난을 받으면서까지 위기 때마다 자신을 지켜나가면서 5대 10국이 교체되는 혼란기에 다섯 왕조 여덟 성씨 열한 명의 천자를 섬기며 무려 50여 년 동안이나 고위관직에 있었다. 난세에 30년은 고위관리로, 20년은 재상으로 지내면서 천수를 누리고 73세에 죽은 그야말로 전무후무한 처세의 달인이었다.

풍도는 자신의 처세관을 남겼으며 그중 하나가 구시화문口是禍門인데 이는 '입은 재앙의 문이니 말을 할 땐 조심해서 해야 한다'는 의미이다.

그렇다. 입은 재앙의 문이다. 풍도와 같은 인생이 된다는 것은 쉽지 않지만 닮기 위해 최대한 노력한다면 좀 더 풍요로운 인생이 될 것이다.*

038

# 치열하게 산다는 것은

자기 극복을 치열하게 거듭하는 자일수록 더 많이, 더 격렬히 성장하고 변화한다.
- 프리드리히 니체

삶을 치열하게 산다는 것은 자신의 인생에 대한 예의이다. 그것은 자신의 인생을 잘 살기 위한 열정이자 노력이기 때문이다. 자신을 치열하게 사는 사람들은 자신의 인생이 잘 되기를 바란다. 그래서 치열하게 사는 사람들은 가치 있고 풍요로운 인생을 살기 위해 최선을 다한다.

미국의 군인, 정치가로 유럽부흥계획으로 불리는 마셜 플랜을 완성한 조지 마셜George Marshall은 제2차 세계대전 이후 초토화된 유럽을 재건하고 경제부흥을 위해 노력한 공로로 1953년 노벨평화상을 수상하였다.

그는 17세 때 군에 입대해 필리핀에서 일어난 스페인과 미국 간에 벌어진 전쟁에 참가하여 공을 세웠으며, 제1차 세계대전에서는 프랑스에서 미군의 군사작전을 지휘하며 자신의 능력을 인정받아

1936년에 준장이 되었다. 그리고 1939년에는 미 육군참모총장이 되었다.

조지 마셜은 제2차 세계대전이 일어나자 총지휘관으로서 발군의 능력을 발휘하였다. 특히 그는 군 인사에 있어 탁월한 능력을 발휘하였다. 적재적소에 인물을 배치하는 능력은 타의 추종을 불허할 만큼 뛰어났다. 지휘관이 부하를 잘 활용한다는 것은 지휘관의 여러 능력 중에서도 으뜸이라고 할 만큼 중요하다. 사람을 잘 쓴다는 것은 상황의 흐름을 잘 알고 있다는 방증이며, 그 자리에 그 사람이 잘 맞느냐 맞지 않느냐에 따라 전쟁의 승패가 갈리기 때문이다.

그의 이런 능력을 눈여겨본 트루먼 대통령은 그를 중국대사로 임명해 중국의 마오쩌뚱과 대만의 장제스와의 악화된 관계를 복원하는 데 적극 개입하게 하여 큰 성과를 거두었다.

조지 마셜이 미국 역사의 한 페이지를 장식하는 성공한 인생이 될 수 있었던 데에는 그만의 비결이 있다.

첫째, 성실함이다. 그는 성실성의 대명사로 불릴 만큼 자신이 맡은 일에 최선을 다했다. 그 결과 그가 맡은 일마다 좋은 성과를 냈다.

둘째, 뛰어난 인사 정책이다. 그는 사람을 보는 눈이 뛰어났다. 어느 자리에 누가 가면 좋을지에 대해 잘 알았다. 이런 인사 정책은 그 자신이 정부로부터 인정받는 데 크게 작용하였다.

셋째, 치열한 열정이다. 그는 치열하게 인생을 산다는 것은 곧 자신에 대한 예의이며, 자신을 가치 있게 하는 최선의 방법이라는 것을 잘 알았다. 그는 매사를 치열하게 실행함으로써 하는 일마다 성공할 수 있었다.

넷째, 자신을 과신하지 않는 신중함이다. 자신을 과신한다는 것은 자만이자 오만이다. 자만과 오만으로 가득 차게 되면 이성을 상실하게 된다. 이성을 상실하다는 것은 곧 패배를 뜻한다. 그런데 조지 마셜은 어떤 순간에도 자신을 과신하지 않고 침착하게 대비하고 대응함으로써 좋은 결과를 낳을 수 있었다.

"차라리 죽음을 택하고 싶을 만큼 번민하고 고뇌하며 고난을 뛰어넘는 자는, 과거의 자신으로부터 완전히 벗어날 수 있다. 새로운 빛과 어둠을 체험함으로써 전혀 다른 자신으로 변모한다. 그런 후에는 주변 사람들이 오래된 유령처럼 보이는 법이다. 지인들의 목소리는 전혀 현실감이 없으며 마치 희미한 그림자의 목소리처럼 들린다. 심지어 시야가 극히 좁은, 풋내 나는 미숙한 영혼으로 느껴지기도 한다. 말하자면 자기 극복을 치열하게 거듭하는 자일수록 더 많이, 더 격렬히 성장하고 변화한다."

독일의 철학자이자 시인인 프리드리히 니체Friedrich Nietzsche의 말이다. 자기 극복을 치열하게 거듭하는 사람일수록 더 많이, 더 격렬히 성장하고 변화함으로써 자신이 원하는 것을 얻는 데 유리하다는 것을 잘 알게 한다.

치열하게 산다는 것은 자신을 위해 절대로 필요한 성공 방식이다. 치열하게 생각하고, 치열하게 시도하고, 치열하게 자신이 원하는 인생이 되어야겠다.*

039

# 참된 인생으로 살아간다는 것은

슬픔과 괴로움 속에 기쁨을 모르고는 아직 인생의 지혜에 도달하지 못할 것이며, 참된 인생을 생활하고 있다고 할 수 없다. - 쇼펜하우어

참된 인생을 살기 위해서는 슬픔과 고난을 겪기고 하고, 시련과 고통 속에서 눈물을 흘리기도 하면서 인생의 참된 가치를 깨우쳐야 한다. 그리고 그러는 가운데서 참된 기쁨과 행복과 즐거움을 깨닫게 된다.

인생의 단맛에 길들여져 있는 사람은 인생의 참된 기쁨과 참된 인생이 무엇인지를 알지 못한다. 이런 사람은 모든 인생이 달다고 여기기 때문이다. 그러나 인생의 쓴맛을 본 사람은 인생의 단맛을 위해 자신에게 주어진 그 어떤 고난과 역경과 슬픔을 두려워하지 않고 극복하기 위해 최선을 다한다.

삶의 의미를 발견하게 함으로써 건강을 찾게 하는 로고테라피Logotherapy학파의 창시자이자 심리학자이며 의사인 빅터 프랭클Viktor Frankl은 오스트리아 빈에서 태어났다. 그는 의학을 전공하고

우울증과 자살에 대해 집중적으로 연구하였다. 그러던 중 정신분석학자인 지그문트 프로이트와 교류하며 1924년 그의 추천으로 〈국제 정신분석학 잡지〉에 첫 번째 글을 기고하였으며 알프레드 아들러와도 긴밀한 관계를 유지하였다. 프랭클은 1926년 '의미치료'라는 개념의 치료법을 시도하여 자살 위험이 있는 3천 명의 여성을 치료하였다.

오스트리아가 나치의 침략으로 통제를 받자 나치는 프랭클을 통해 정신병을 안락사로 처리하려고 했다. 이에 프랭클은 목숨을 걸고 다른 방법으로 처방을 하곤 했다. 그러는 과정에서 결혼을 하였으며 그의 아내가 임신하였지만 나치에 의해 강제로 낙태되는 슬픔을 겪었다. 프랭클은 부모와 함께 체포되었고 그의 아버지는 사망하였으며 그의 아내와 어머니는 아우슈비츠로 끌려갔다. 그의 어머니는 가스실에서 죽고, 그의 아내는 다시 정치범 수용소로 끌려갔다. 프랭클 또한 정치범 수용소에 수감되어 있었는데 미군에 의해 구조되었다. 그 후 그의 아내와 그의 형제 그리고 형제의 아내들이 잇따라 죽는 비극을 뼛속 깊이 느끼는 고통을 겪었다.

프랭클은 최악의 상황에서도 강인한 인내로 절망을 극복하고 《죽음의 수용소에서》를 출간하여 그 참혹한 상황을 알리는 데 일조하였고 그 책은 베스트셀러가 되었다. 그는 누구보다도 인생의 깊은 슬픔과 좌절, 혹독한 절망을 겪었지만 그러는 가운데 참된 인생을 살기 위해 최선의 노력을 다했다. 그리고 우울증과 자살의 충동을 겪으며 살아가는 사람들을 치료함으로써 그들이 새로운 인생을 살아가는 데 빛과 소금이 되었다.

"그대의 눈에 눈물이 쏟아지지 않고는 진리의 골짜기를 보지 못할 것이며, 그대 마음이 찢어지도록 아픔을 겪지 않고는 내면생활을 밝히지 못할 것이다. 슬픔과 괴로움 속에 기쁨을 모르고는 아직 인생의 지혜에 도달하지 못할 것이며, 참된 인생을 생활하고 있다고 할 수 없다. 오늘은 나쁘다. 내일은 더 나쁠지도 모른다. 거기에 대한 투쟁의 과정이 인생의 나그네 길이다. 안락과 행복은 인생에서 모든 적극성을 빼앗아 갈 뿐이다."

이는 독일의 철학자이자 《의지와 표상으로서의 세계》, 《윤리학》으로 유명한 쇼펜하우어가 한 말로 참된 인생으로 살아가기 위한 삶의 자세에 대해 잘 알게 한다.

프랭클이 자신의 시련과 고난을 통해 참된 인생의 기쁨과 행복을 알게 됨으로써 다른 사람들에게 헌신했듯이, 자신의 인생을 위해 스스로 강해지고 독해져야 한다. 그렇게 될 때 자신도 남에게도 가치 있는 참된 인생으로 살아가게 될 것이다.*

040

## 마음의 눈을 크게 떠라

비록 환경이 어둡고 괴롭더라도 항상 마음의 눈을 넓게 뜨고 있어야 한다. -《명심보감》

어려운 환경에 놓이게 되면 불안한 마음에 안절부절못하게 된다. 지금 상황을 어떻게 해야 할지 난감하기 때문이다. 그런데 그럴 때일수록 자신감을 잃어서는 안 된다. 의지와 신념을 잃지 않는 한 그 어떤 고통도 시련도 이겨낼 수 있다.

인간이란 약한 것 같지만 가장 강한 존재이다. 이에 대해 여성심리전문가이자 《걱정에만 올인하는 여자들의 잘못된 믿음》의 저자인 홀리 해즐렛 스티븐스는 다음과 같이 말한다.

"인간은 감정적으로 심한 고통도 견뎌낼 수 있는 능력이 있다. 심지어는 그 속에서 의미를 찾아내기도 한다. 인류 역사에 걸쳐 수많은 사람들이 엄청난 역경을 견뎌냈다. 그러나 여전히 오늘날의 문화는 우리에게 비극은 절대 일어나선 안 된다는 식으로 가르친다. 다들 아무 탈 없이 인생을 살아갈 거라고 기대하고 정말 참혹한 일이 닥치면 실패했다고 여기는 것이다.

그러나 이는 분명 가능한 시나리오이다. 이 시나리오를 앞에 두고 무방비 상태의 나약해진 기분을 느껴보자. 물론 최악의 사태가 터진다면 즉시 그걸 극복해내지는 못할 것이다. 어쩌면 그로 인해 삶이 영원히 이전의 모습으로 돌아가지 못할 수도 있다. 하지만 인간에게는 지금으로선 상상도 못할 정도로 꿋꿋하게 새로이 의미 있는 삶을 꾸려나갈 수 있는 능력이 있다."

스티븐스의 말엔 인간의 강한 의지와 신념이 잘 나타나 있다. 지구가 탄생한 이래 수많은 지구의 환경 변화에도 끝까지 살아남아 오늘날의 문명을 이룬 생명체는 인간이다. 인간은 그 어떤 불가사의한 상황에서도 끝까지 목숨을 지켜 오늘에 이른 것이다.

물론 사람에 따라 개인차는 있다. 의지가 강한 사람 의지가 약한 사람, 신념이 강한 사람 신념이 약한 사람 등 성격에 따라 환경에 따라 차이가 있다.

의지와 신념이 강한 사람은 자신의 인생을 자신이 원하는 대로 이끌어내 주도적인 인생으로 살아가지만, 의지와 신념이 약한 사람은 자신의 원하는 인생을 살지 못할 뿐만 아니라 비주도적인 인생으로 살아간다.

이 세상을 이끌어가고 변화를 주도하는 인생은 모두가 강한 의지와 신념을 가진 사람들이다. 또한 이들에게는 공통점이 있다. 현대 경영학의 아버지로 평가받는 피터 드러커Peter Druker는 이렇게 말했다.

"흥미롭게도 혹독한 역경을 딛고 성공한 사람들은 예외 없이 헝그리정신을 가지고 있으면서도 겸허하다. 그들에게는 몇 가지 공통점이 있다. 밑바닥 생활이 길었다는 것, 자신에게 힘이 없다는 사실을 잘 안다는 것, 그리고 운 좋게 성공할 수 있었기 때문에 앞으로는 세상을 위해 그리고 다른 사람들을 위해 살려는 것이다. 그렇게 성공한 사람들은 자연스럽게 인생 또한 좋은 방향으로 흘러가게 된다."

피터 드러커의 말을 보면 성공한 사람들이 운이 좋아서 성공을 했거나 부모의 배경으로 성공하지 않았다는 것을 잘 알 수 있다. 물론 좋은 환경을 가진 부모 덕으로 누릴 것 다 누리면서 사는 금수저들도 많다. 그러나 자신을 극복하고 성공을 이룬 사람들과는 차원이 다르다. 이들이야말로 성공의 가치를 이룬 진정한 인생의 승리자이기 때문이다.

힘들고 어려울수록 긍정적으로 생각하고 행동해야 한다. 긍정적인 생각은 마음의 눈을 밝게 한다. 마음의 눈이 밝으면 생각이 맑아지고, 무엇을 해야겠다는 의지가 강하게 발동한다.

"비록 환경이 어둡고 괴롭더라도 항상 마음의 눈을 넓게 뜨고 있어야 한다."

이는《명심보감明心寶鑑》에 나오는 말로 아무리 힘들고 고통스러워도 마음의 눈을 밝게 하고 강한 의지로 헤쳐 나가면 능히 어려움을 극복하고 자신이 바라는 인생을 살 수 있다는 의미이다.

마음의 눈을 크게 뜨고, 강한 의지와 신념으로 무장하라. 그리고 끝까지 밀고 나가라. 그것이 자신의 인생을 성공적으로 사는 최선의 길이다.*

CHAPTER 5

# 자신에게 엄정하되 지나침을 조심하라

041

## 헬렌 켈러가 전해주는 말

이러한 모든 것들을 보고 싶은 열망에 내 가슴은 터질 것만 같다. 단지 감촉을 통해서도 이처럼 많은 기쁨을 얻을 수 있는데 볼 수만 있다면 얼마나 더 많은 아름다움을 발견할 수 있을까.

– 헬렌 켈러

"최근에 나는 한참 동안 숲속을 산책하고 방금 돌아온 친구에게 무엇을 보았냐고 물어본 적이 있다. 그녀는 '별로 특별한 게 없었어' 하고 말했다. 한 시간 동안이나 숲속을 산책하면서 아무것도 주목할 만한 것이 없다니 그럴 수가 있을까. 나는 스스로에게 물어보았다. 아무것도 볼 수가 없는 나는 단지 감촉을 통해서도 나를 흥미롭게 해주는 수많은 것을 발견한다. 나는 잎사귀 하나에서도 정교한 대칭미를 느낀다. 은빛 자작나무의 부드러운 표피를 사랑스러운 듯 어루만지기도 하고 소나무의 거칠고 울퉁불퉁한 나무껍질을 더듬어보기도 한다.

때때로 이러한 모든 것들을 보고 싶은 열망에 내 가슴은 터질 것만 같다. 단지 감촉을 통해서도 이처럼 많은 기쁨을 얻을 수 있는데 볼 수만 있다면 얼마나 더 많은 아름다움을 발견할 수 있을까.

내일이면 눈이 멀지도 모른다는 생각으로 당신의 눈을 사용하라. 내일이면 귀가 멀게 될 사람처럼 음악을 감상하고, 새들의 노랫소리를 듣고, 오케스트라의 멋진 하모니를 음미하라. 내일이면 다시는 냄새도 맛도 느끼지 못하는 사람처럼 꽃들의 향기를 맡아보고, 온갖 음식을 한 스푼 두 스푼 맛보도록 하라."

교육자이자 사회주의 운동가이며 작가인 헬렌 켈러Helen Keller가 한 말로 긍정적으로 생각하고 긍정적으로 행동하는 것이 얼마나 중요한지를 잘 알게 한다. 절대긍정, 그렇다. 단어 하나하나에는 절대긍정의 에너지가 역동적으로 넘쳐흐른다.

헬렌 켈러는 정상적으로 태어났지만 심한 열병으로 시력과 청력을 잃어버리고 말도 할 수 없었다. 삼중고는 그녀를 고통스럽게 했지만 그녀의 운명이 바뀌기 시작한 것은 앤 설리번을 가정교사로 맞고 나서이다. 설리번은 혼신을 다해 헬렌 켈러를 가르쳤다. 헬런 켈러는 설리번으로부터 철저하게 교육을 받고, 펄킨스 시각장애학교에 입학하여 공부를 마친 후 케임브리지 학교를 나와 레드클리프 대학교에 입학하여 좋은 성적으로 졸업하였다.

그녀는 사회운동을 통해 장애인들의 권익과 여성들의 참정권을 주장하고 자유와 평화를 위해 노력하였다. 장애의 몸으로 사회주의 운동가로, 교육자로, 작가로, 열정적인 삶을 살았던 헬렌 켈러는 많은 사람들에게 귀감이 되는 성공적인 인생을 살았던 불굴의 여성이다. 그녀는 공을 인정받아 프랑스 레지옹도뇌르훈장을 수훈했으며, 자유의 메달을 받았다. 주요 저서로 《사흘만 볼 수 있다면》, 《나의 스승 설리번》 외 다수가 있다.

최악의 환경에서도 절망하지 않고 자신의 인생을 희망의 꽃으로 승화시킨 헬렌 켈러의 역동적인 삶은 전 세계인들에게 귀감이 되기에 조금도 부족함이 없다. 만일 그녀가 자신의 처지를 불행으로만 받아들였다면 그녀의 인생은 더 이상 없었을 것이다.

헬런 켈러는 강연과 저술활동을 통해 끊임없이 희망을 노래했으며, 많은 사람들에게 꿈을 심어주었다.

"태양을 바라보고 살아라. 그대의 그림자를 못 보리라. 고개를 숙이지 마라. 머리를 언제나 높이 두라. 세상을 똑바로 정면으로 바라보라. 나는 눈과 귀와 혀를 빼앗겼지만 내 영혼은 잃지 않았기에 그 모든 것을 가진 것이나 마찬가지이다. 고통의 뒷맛이 없으면 진정한 쾌락도 거의 없다. 불구자라 할지라도 노력하면 된다. 아름다움은 내부의 생명으로부터 나오는 빛이다. 그대가 정말 불행할 때 세상에서 그대가 해야 할 일이 있다는 것을 믿어라. 그대가 다른 사람의 고통을 덜어줄 수 있는 한 삶은 헛되지 않으리라. 세상에서 가장 아름답고 소중한 것은 보이거나 만져지지 않는다. 단지 가슴으로 느낄 수 있다."

이 또한 헬렌 켈러가 한 말로 그녀의 절대긍정의 철학을 잘 알게 한다. 특히 '그대가 정말 불행할 때 세상에서 그대가 해야 할 일이 있다는 것을 믿으라'는 말은 그녀이기에 할 수 있는 말로 깊은 울림을 준다.

위기가 곧 기회라는 말이 있듯, 고난은 자신을 축복된 인생으로 가게 하는 기회가 될 수 있다. 자신의 인생 앞에 당당한 자신이 되어야 한다. 그것은 자신의 인생에 대한 예의이다.*

042

## 자기의 운명은 자신이 만드는 것

사람은 대개 자기의 운명을 그 스스로가 만든다. 운명이란 외부에서 오는 것 같지만 알고 보면 자기 자신의 약한 마음, 게으른 마음, 성급한 버릇, 이런 것이 운명을 만든다. - 세네카

사람들은 저마다 운명을 타고난다는 말이 있다. 그래서 어떤 사람은 좋은 환경 속에서 살아가고, 어떤 사람은 나쁜 환경 속에서 살아간다고 말한다. 이 말이 사실이라면 좋은 운명을 가진 사람은 상관없지만, 나쁜 운명을 갖고 태어난 사람은 평생을 시련과 고통 속에서 살아가야 한다는 것을 의미한다.

그러나 '운명은 자기가 만드는 것이다'라는 말이 있다. 그래서 아무리 좋은 운명을 타고났어도 자신의 잘못에 의해 시련과 고통의 삶을 살아가고, 아무리 나쁜 운명을 갖고 태어났어도 자신의 노력과 열정으로 좋은 환경 속에서 살아간다.

이에 대해 로마의 철학자이자 정치가이며 황제 네로의 스승인 세네카Seneca는 이렇게 말했다.

"사람은 대개 자기의 운명을 그 스스로가 만든다. 운명이란 외부

에서 오는 것 같지만 알고 보면 자기 자신의 약한 마음, 게으른 마음, 성급한 버릇, 이런 것이 운명을 만든다. 어진 마음, 부지런한 습관, 남을 돕는 마음, 이런 것이야말로 좋은 운명을 여는 열쇠이다. 운명은 용기 있는 자 앞에 약하고 비겁한 자 앞에서는 강하다."

세네카의 말은 자신의 경험에서 깨달은 진리이다.

세네카는 유명한 수사학 교사인 아버지와 훌륭한 인품과 교양을 지닌 어머니 사이에서 태어났다. 세네카는 어린 시절 큰어머니를 따라 로마에서 스피치 훈련을 받았으며, 스토아주의와 금욕주의적 신피타고라스주의를 결합한 섹스티의 학교에서 철학공부를 했다. 그리고 AD 31년 로마로 돌아왔지만 황제 칼리굴라와의 대립으로 황제는 그를 죽이려고 했지만 간신히 목숨을 부지할 수 있었다. AD 41년 황제 클라우디우스는 세네카가 자신의 조카딸인 율리아 라빌라 공주와 간통했다는 혐의를 내세워 그를 코르시카로 추방했다. 그러나 세네카는 열악한 환경에서도 자연과학과 철학을 공부했다.

그 후 황제의 부인에 의해 AD 49년에 로마로 돌아와 이듬해 집정관이 되었으며, 근위대장인 섹스투스 아프라니우스 부르스 등과 강력한 연대를 이루었다. 그리고 훗날 황제가 된 네로의 스승이 되어 자신이 입지를 탄탄하게 굳혀나갔다. AD 54년 황제 클라우디우스가 암살되자 최고의 통치자가 되었다. 이후 세네카는 연대 무리들과 재정 법률의 개혁을 단행했고, 노예에 대해 인간적으로 대해줄 것을 장려하였다.

그러나 연대 무리 중 부루스가 죽자 세네카는 더 이상 권력을 유지할 수 없음을 깨닫고, 은퇴를 하겠다고 말한 뒤 남은 기간 동안 여러 권의 철학책을 썼다. 하지만 세네카는 정적들에 의해 자살을 명령받고 침착하고 의연하게 죽음을 맞이함으로써 파란만장했던 인생에 마침표를 찍었다.

세네카의 일생은 추방과 정적의 음모로 인한 고통과 시련이 있었으나, 시련과 고통을 강한 의지로 이겨내고 정치가로서, 사상가로서, 문학가로의 삶을 이루며 인생을 풍미하였다. 그는 "자기 운명은 그 스스로가 만든다"고 말하며 어떤 환경에서도 용기와 의지로 자신의 운명을 극복해야 함을 설파하였다.

세계사적으로나 국내사적으로 볼 때 동서고금을 막론하고 뛰어난 인생을 살았던 사람들 중에는 최악의 상황을 극복하고 최선의 삶을 살았던 이들이 많다.

자신이 지금 원하지 않는 길에 놓여 있거나 최악의 환경에 놓여 있다 할지라도 강철의지와 용기로 일어서야 한다. 그러면 자신의 인생을 자신이 원하는 인생으로 만들 수 있지만, 그렇지 않는다면 최악의 인생으로 살아가게 될 것이다.

힘들수록 고통스러울수록 자신을 사랑하고, 최선의 선택을 하라. 그리고 그 길을 용기 있게 걸어가야 한다.*

043

## 삶을 녹슬게 하는 게으름을 경계하라

성공하지 못한 사람의 공통점은 게으름에 있다. 게으름은 인간을 패배하게 만드는 주범이다. 성공하려거든 먼저 게으름을 극복해야 한다.
- 알베르트 까뮈

알제리 출신 프랑스 작가이자 철학자인 알베르트 까뮈Albert Camus는 게으름을 경계하였으며 노력에 대해 강한 신념을 갖고 있었다. 그가 그런 생각을 한 데에는 어린 시절부터 그의 청년기를 통한 그의 환경에 기인한다.

그의 아버지는 전쟁으로 사망했으며 그의 어머니는 문맹으로 청각장애를 가진 하녀였다. 이러다 보니 그의 가정형편은 어려울 수 밖에 없었다. 그는 알제리대학에 입학했으나 폐결핵으로 중퇴하고 갖가지 아르바이트를 하며 자신의 꿈을 키워나갔다.

그러는 가운데 평생 스승인 장 그르니에를 만나게 되고 가르침을 받았다. 그는 플로티누스에 관한 논문으로 철학사 학위과정을 마쳤다. 그는 프랑스 공산당에 가입했으며, 알제리 공산당에도 가입하여 동료들과 갈등을 빚으며 트로츠키주의 레온 트로츠키가 주장한 마르크스주의 혁명론으로 볼셰비키 레닌주의라고도 함자로 비난받는 등 제명을 당했다.

까뮈는 결혼과 이혼, 재혼을 하였지만 그는 결혼제도에 반대하여 아내와 갈등을 빚었다. 그는 노동자 극장을 설립하였으며, 좌익 성향의 신문기자로 활동하기도 했다.

1939년 그는 독일에 저항하기 위해 참전을 신청했지만 폐결핵으로 거절당했다. 이후 그는《시지프 신화》,《이방인》을 저술하며 장폴 사르트르와 교류하였으나 공산주의 사상을 비난함으로써 사르트르와 소원해졌다.

그 후 공산주의에 반대하는 반란과 반역에 관한 철학적 분석을 담은《반항하는 인간》을 씀으로써 프랑스의 동료들은 물론 사르트르의 분노를 샀다. 그는《시지프 신화》,《이방인》을 통해 사상가로서 인정을 받았으며〈오해〉,〈칼리귤라〉등으로 극작가로도 성공하였다.

까뮈는 인권운동에 깊이 관여함은 물론 사형제도에 반대하는 등 평화주의자로서의 활발하게 활동하며 자신의 생각을 적극 실천으로 옮김으로써 자신의 인생을 긍정적으로 살았으며 1957년 노벨 문학상을 수상하였다.

그가 가난한 환경에서도 자신의 인생을 성공적으로 이끌어낼 수 있었던 것은 게으름을 경계하고 노력만이 자신의 삶을 원하는 방향으로 끌어낼 수 있다고 믿고 노력했기 때문이다. 그는 이런 자신의 깨달음을 통해 다음과 같은 말을 남겼다.

"노력은 항상 이익을 가져다준다. 성공하지 못한 사람들에게는 항상 게으름이 문제다. 노력은 결코 무심하지 않다. 그만큼의 대가를 반드시 지급해준다. 성공을 보너스로 가져다준다. 비록 성공하지 못했을지라도 깨달음을 준다. 성공하지 못한 사람의 공통점은 게으름에 있다. 게으름은 인간을 패배하게 만드는 주범이다. 성공하려거든 먼저 게으름을 극복해야 한다."

그렇다. 모든 이익은 노력의 결과이다. 노력을 방해하는 게으름을 경계함으로써 자신의 인생의 승리자가 되어야 한다.*

044

# 자신에게 엄정하되 지나침을 조심하라

자기 자신에 대해서도 남의 일을 판단하듯 엄정하고 냉정하지 않으면 안 된다. 그러나 지나치게 자기에게 대해서 엄한 것도 좋지 않다. 왜냐하면 그 결과는 심신이 부담하는 고통이 커서, 괴로운 상태에 빠지고 나아가서는 절망하기 쉽기 때문이다.
- 프란시스 베이컨

사람들은 대개 타인의 잘못에 대해서는 비판적이고 엄정하다. 그러나 자신에 대해서는 지나치리만큼 관대하고 마치 스스로에게 아부하는 듯한 형국이다. 이는 자신을 위해 좋지 않다. 자신에게 엄정하지 못하면 그 어떤 일에도 똑소리 나게 하지 못한다. 조금만 힘들어도 포기하고 조금만 비판적인 말을 들어도 용납하지 못하기 때문이다.

《소학小學》에 이런 말이 있다.

"자신의 결점에 대해서는 고쳐야 하지만, 남의 결점은 관대하게 대해야 한다. 스스로 자신의 결점을 발견해서 고치려고 하면 밤낮으로 자신을 점검해 조금이라도 미진한 점이 있으면 마음에 부끄러움이 있게 된다. 그렇다면 어떻게 다른 사람을 점검할 겨를이 있겠는가?"

옳은 말이다. 사람들은 대개 자신의 결점에 대해서는 관대해서 그것이 잘못인 줄 알고도 고치려고 하지 않는다. 하지만 다른 사람의 잘못에 대해서는 매우 엄정하고 비판적이다. 이는 스스로를 잘못되게 하는 일일 뿐 아무런 도움도 되지 않는다.

영국의 철학자이자 정치가로 데카르트와 함께 근세철학의 선구자로 불리는 프란시스 베이컨Francis Bacon은 이렇게 말했다.

"사람들은 대개 남에게 아첨하기보다 그 이상으로 자기 자신에게 아첨한다. 남의 일에 대해서는 엄정하고 냉정하면서 일단 자기 일이 되면 불공평한 판단을 하고 흥분하며 편의주의로 흐른다. 자기 자신에 대한 편의주의적 판단은 매우 나쁘다. 자기 자신에 대해서도 남의 일을 판단하듯 엄정하고 냉정하지 않으면 안 된다. 그러나 지나치게 자기에게 대해서 엄한 것도 좋지 않다. 왜냐하면 그 결과는 심신이 부담하는 고통이 커서, 괴로운 상태에 빠지고 나아가서는 절망하기 쉽기 때문이다. 지나친 자기 책망은 의지를 마비시키고, 활기를 죽이기 쉽다. 그러기 때문에 고민이 있을 때에는 심오한 도덕서보다는 가까운 친구의 말에 귀를 기울이는 것이 좋은 약일 때가 있다."

자신이 자신의 머리를 깎지 못하는 것처럼 자신은 자신에 대해 다 알지 못한다. 이럴 때 스스로를 들여다볼 수 있는 마음의 눈을 갖는다는 것은 매우 중요하다. 스스로를 들여다볼 수 있는 마음의 눈을 갖기 위해서는 자신에게 엄정하고 냉정하되, 지나치지 않아야 하며 자신의 판단이 미치지 못할 때는 조언을 구하는 것이 좋은 방법이다.

한 가지 유념할 것은 조언에 대해 반대적 입장에 서거나 불쾌하게 생각한다면 자신에 대한 진정한 발전은 있을 수 없다는 것이다. 왜냐하면 그런 사람에게 더 이상 조언을 한다는 것은 의미가 없기 때문이다.

자신의 인생에게 진실로 사랑받는 인생이 되어야 하겠다.*

045

# 인생은 과정의 연속이다

인생은 정체되어 있지 않고 계속 흘러가며 우리는 그 흐름을 멈추게 할 수 없다. 매 순간 같은 장소로만 흘러갈 수 없는 강물과도 같은 것이다. 그러므로 우리는 인생과 함께 흘러가는 법을 배워야 하며 삶의 흐름을 막는 것들을 현명하게 피할 줄 알아야 한다. – 바바라 골든

삶을 살아가는 동안 많은 변화와 과정을 겪는다. 스스로가 변화를 유도하고 변화의 중심에 서기도 하고, 자신의 뜻과 다른 길을 가기도 하며 변화의 변방에서 서성이기도 한다.

그 어떤 삶도 단번에 좋은 결과에 이른다는 것은 쉽지 않다. 오랜 시간 노력을 들이고 공을 들이는 과정을 거치는 동안 마치 곡식이 작열하는 태양 아래에서 서서히 익어가듯 좋은 성과를 이루게 되는 것이다.

누구나 바라고 원하는 삶은 그 어떤 삶이라 할지라도 다 이런 과정을 통해서만이 이루어지는 것이다. 말하자면 삶은 모든 과정의 연속이라고 할 수 있다.

그런데 이런 과정을 무시하고 무리수를 두다 보면 자신이 파놓은 함정에 빠지기도 하고, 스스로 쳐놓은 덫에 걸리기도 한다. 이

는 삶의 과정을 손쉽게 지나가기 위한 하나의 편법과도 같기 때문이다. 물 흐르듯 과정을 거치면서 지혜롭게 헤쳐 나가야 한다. 그러는 가운데 현명한 삶의 방법을 터득하게 되고, 그렇게 함으로써 좋은 결과에 이르게 된다.

이에 대해 미국의 심리학자이자 《세상의 모든 사랑에 대하여》의 저자인 바바라 골든Barbara Golden은 이렇게 말했다.

"인생은 과정의 연속이다. 인생을 사는 동안 때로는 남들에게 주목을 받기도 하고, 자신의 삶을 축하하는 시기를 갖기도 한다. 인간은 이런 변화와 경험으로 인해 자신이 현재 어떤 위치에 있는지 생각하게 된다.

어른이 되는 과정은 더 특별한 의미가 있다. 영원히 어린이로 남을 수 있는 사람은 아무도 없다. 완전한 인간이 되기 위해서는 반드시 직면하고 맞서야만 하는 책임들이 있기 때문이다. 과정의 관례를 거부하며 모든 책임에서 벗어날 수도 있지만 그것은 완전한 사람을 거부하는 것과 같다.

인생은 정체되어 있지 않고 계속 흘러가며 우리는 그 흐름을 멈추게 할 수 없다. 매 순간 같은 장소로만 흘러갈 수 없는 강물과도 같은 것이다. 그러므로 우리는 인생과 함께 흘러가는 법을 배워야 하며 삶의 흐름을 막는 것들을 현명하게 피할 줄 알아야 한다."

바바라 골든의 말처럼 모든 인생은 과정의 연속이며, 그 과정 속에서 시행착오를 거치며 새로운 삶으로 변화되기도 하고, 자신이 원하는 것을 성취하게 된다.

삶을 쉽게 살려고 하지 마라. 그 어느 것도 쉬운 삶은 없다. 열정을 갖고 정진함으로써 얻게 되는 삶이야말로 최선의 삶이며, 최고의 인생을 사는 비법이다.*

046

# 스스로에게 진실하기

그대가 자신에게 진실하다면 밤이 낮을 따르듯, 어떠한 사람도 그대에게 거짓말을 하지 않게 될 것이다. - 윌리엄 셰익스피어

"진실 없는 삶이란 있을 수 없다. 진실이란 삶 그 자체인 것이다."

유대계 소설가이며 소설 《변신》으로 유명한 프란츠 카프카Franz Kafka의 말로 진실이 삶에서 얼마나 중요한지를 단적으로 말한다. 진실은 그 자체가 삶이어야 하고, 삶은 곧 진실이 되어야 할 때 우리는 행복하고 즐거운 삶을 살아가게 되기 때문이다.

그런데 진실을 떠나 말하고 행동한다면 그것은 곧 거짓된 삶이 되고 만다. 거짓된 삶은 자신은 물론 상대방에게도 그리고 나아가 모두에게 아픔이 되고 불행이 된다.

지금 우리 사회는 진실을 잃어버린 사람들이 판을 치고 사회의 물을 흐리고 있다. 고위공직자가 거짓을 남발하고, 권력자에 빌붙어 재산증식에 혈안이 되고 있다. 그래놓고도 그것이 잘못인 줄 모

른다. 더 한심한 것은 잘못이 드러났는데도 끝까지 발뺌하며 자신의 허위와 거짓을 감추려고 한다. 그리고 결국에는 영어囹圄의 몸이 되어 지난날을 후회하며 쓸쓸히 인생의 뒤안길로 사라지고 만다.

진실을 떠난 삶은 더 이상 삶으로서의 가치를 상실하고 만다. 그 어떤 이유와 변명으로도 되돌릴 수 없다. 그런 까닭에 자신에게 진실해야 한다. 자신에게 진실한 사람은 만나는 사람 누구에게도 진실하고, 자신이 하는 모든 일에 진실하다.

그런데 자신에게 진실하지 않으면서 남에게 진실을 바라는 사람들이 있다. 이는 대단히 잘못된 일이며 스스로를 가증스럽게 하는 행위이다.

이에 대해 영국의 시인이자 극작가이며 《로미오와 줄리엣》, 《햄릿》으로 유명한 윌리엄 셰익스피어William Shakespeare는 다음과 같이 말했다.

"먼저 내가 할 일은 내가 내 자신에게 진실해야 한다는 점이다. 어찌 스스로는 진실하지 못하면서 남이 나에게만 진실하기를 바라는가. 만약, 그대가 자신에게 진실하다면 밤이 낮을 따르듯, 어떠한 사람도 그대에게 거짓말을 하지 않게 될 것이다."

셰익스피어의 말을 보더라도 자신에게 진실해야 한다는 것은 스스로를 위하는 일이라는 것을 알 수 있다.

그리고 나아가 진실은 그 어떤 시련도 역경도 두려워하지 않는다. 그런 이유로 진실한 사람 또한 시련과 역경을 두려워하지 않는다. 진실은 언제나 강하고 힘이 세다.

"진실은 그 어떤 시련도 두려워하지 않는다."

영국의 성직자인 토마스 풀러Thomas Fuller의 말로 진실의 위대성을 잘 알 수 있다.

자신에게 진실했던 사람은 동서고금을 통해 볼 때 하나같이 진실 앞에 자신을 진실되게 했으며, 그 어떤 시련과 역경에도 굴하지 않고 자신을 성공적인 인생이 되게 했다.

진실은 자신에 대한 사랑이며, 사랑은 진실에 대한 최선의 가치이다.*

047

# 문제를 해결하는 최선의 방법

문제를 해결하는 가장 좋은 방법은 모든 문제들과 함께 숨 쉬는 것이다. 지금 당장 그대 앞의 문제들과 함께 숨 쉬어라. 그러면 언젠가 자신도 모르는 사이에 문제의 답이 그대에게 주어져 있음을 깨닫게 될 것이다. - 라이너 마리아 릴케

살아가다 보면 늘 문제에 맞닥트린다. 그럴 때 문제를 해결할 수 있으면 좋은데 그렇지 않으면 당황하게 된다. 특히 난제를 만났을 땐 더더욱 난감해진다. 모든 문제는 해결하는 방법이 있기 마련이지만, 해결방법을 찾는 일은 그리 쉽지 않다.

그러나 문제를 해결하기 위해서는 어떻게 해서든 방법을 찾아야 한다. 그 문제를 해결하느냐에 따라 원하는 삶을 살게 되기도 하고 원하지 않는 삶을 살게 되기 때문이다.

문제 없는 인생은 없다. 인간은 완벽한 존재가 아닌 까닭에 늘 문제를 안고 살아간다. 그러기 때문에 문제를 두려워해서도 안 되고, 귀찮아해서도 안 된다. 그것은 곧 자신을 퇴보시키는 일이며, 스스로를 그릇되게 하는 일이다.

문제를 만나면 적극적인 문제해결을 위해 방법을 찾는 일에 열

중해야 한다. 또한 인내심을 가질 필요가 있다. 힘들다고 중도에 포기하면 문제를 해결하는 것은 요원해지기 때문이다. 모든 문제에는 답이 내포되어 있으므로 그 답을 찾기 위해서는 조급해하지 말고 인내심을 가지고 차근차근 풀어가야 한다. 그렇게 하다 보면 결국 답을 찾아내게 마련이다.

이에 대해 오스트리아의 시인이며 작가이자 《말테의 수기》, 《젊은 시인에게 보내는 편지》의 저자인 라이너 마리아 릴케Rainer Maria Rilke는 이렇게 말했다.

"모든 시작에 앞서 가슴에서 풀리지 않는 것들에 대해 항상 인내하라. 또 잠겨 있는 방이나 어려운 외국어로 된 책을 대하듯 문제 그 자체를 사랑하라. 지금 당장 해답을 얻고자 서두르지 마라. 문제에 대한 해답은 문제와 함께 주어지지 않기 때문이다. 따라서 문제를 해결하는 가장 좋은 방법은 모든 문제들과 함께 숨 쉬는 것이다. 지금 당장 그대 앞의 문제들과 함께 숨 쉬어라. 그러면 언젠가 자신도 모르는 사이에 문제의 답이 그대에게 주어져 있음을 깨닫게 될 것이다. 항상 시작하는 자세로 시작하는 사람으로 살아야 한다."

릴케의 말은 매우 공감을 준다. 그 역시 인생을 사는 동안 많은 문제에 맞닥뜨렸고, 그럴 때마다 인내심을 갖고 문제를 해결하기 위해 노력함으로써 자신의 인생을 성공적인 인생이 되게 했다.

지금 자신이 어떤 문제로 고민하고 있다면 릴케의 말을 마음에 담아 실천해보라. 반드시 자신이 원하는 답을 찾아내게 됨으로써 좋은 결실을 맺게 될 것이다.*

048

## 기다리지 말고 온 힘을 다해 찾아라

> 지금 우리가 해야 할 일은 다시 한 번 최선을 다해 새로운 인생을 사는 것이다. 지금 이 순간, 그리고 다음 순간에도 온 힘을 쏟아 최고의 인생을 살아내는 것이다. - 프리드리히 니체

"언제나 한 자리에 머물러 있는 사람이 있다. 대체 무엇을 기다리는 걸까. 저 멀리서 누군가가 찾아오길 믿는 걸까. 언제 올지도 모르는 행복을 그저 막연히 기다리고만 있는 걸까. 기다리다 보면 누군가가 나타나 기적처럼 지금의 고통에서 구원해주기라도 하는 걸까. 혹은 어느 날 신이나 천사가 내려와 축복해주기라도 하는 걸까. 그러다가는 끝내 기다리기만 하는 인생을 살 것이다. 지금 우리가 해야 할 일은 다시 한 번 최선을 다해 새로운 인생을 사는 것이다. 지금 이 순간, 그리고 다음 순간에도 온 힘을 쏟아 최고의 인생을 살아내는 것이다."

19세기 독일의 철학자이자 시인으로 《차라투스트라는 이렇게 말했다》를 쓴 프리드리히 니체가 한 말이다. 니체의 말은 한마디로 자신이 원하는 인생, 자신이 바라는 행복을 찾기 위해서는 기다

리지 말고 적극적으로 찾아 나서라는 것이다.

가만히 앉아 있으면 원하는 삶도 바라는 행복도 오지 않는다. 찾고 구하고 두드려야 한다.

자기계발동기부여가이자 인간관계를 위한 처세술의 대가이며 영원한 베스트셀러 《카네기 처세술How to Win Friend and Influence Peopl》의 저자인 데일 카네기는 미국의 수많은 자기계발전문가 중에서도 독보적인 존재로 유명하다.

그가 국적을 불문하고, 시공을 불문하고, 계층 간의 사람들을 불문하고 열광적인 성공의 멘토가 될 수 있었던 것은 인간의 삶을 긍정적이고 능동적으로 변화시키는 탁월한 라이프 티쳐Life Teacher이기 때문이다.

카네기는 처음부터 처세술의 대가가 아니었다. 그 또한 평범한 사람에 불과했다. 그는 워런스버그 주립 사범대학을 졸업하고 네브레스카에서 교사로 아이들을 가르쳤다.

그러던 어느 날 그는 교사를 그만두었다. 가르치는 일도 보람 있는 일이지만 그보다는 좀 더 많은 사람들에게 의미 있는 역동적이고 창의력 넘치는 일을 해보고 싶었던 것이다.

그는 소설가를 꿈꾸며 2년 동안 열심히 작품을 썼으나 출판사로부터 작가의 가능성이 없다는 말을 듣고 작가의 길을 포기했다. 그러고 나서 내가 지금 무엇을 해야 가장 잘할 수 있을지를 생각하고 또 생각했다. 그리고 마침내 그는 결심을 한다. 자기만의 강의 콘텐츠를 짜고, 거기에 맞는 라이프 텍스트Life Text를 직접 연구 개발하는 데 몰입했다. 치밀한 노력 끝에 자기만의 철학과 사상이 담긴 자기계발 및 인간관계 향상을 위한 '처세술 전략'을 완성했다.

카네기는 자기의 생각을 사람들에게 전하기 위한 방법으로 대학에서 특강을 계획하고 대학의 문을 두드렸다.

"이 대학에서 강의를 하도록 허락해 주시겠습니까?"

"무엇을 강의할 것인지 말해보십시오."

대학 담당자는 그에게 무엇을 강의할 것인지에 대해 물었다. 그는 자신의 강의 계획에 대해 소상하게 말했다. 그의 말을 들은 담당자는 허락할 수가 없다고 했다. 그 이유는 간단했다. 무엇 하나 뚜렷한 결과물이 없어 안 된다는 것이다. 그는 포기하지 않고 여러 대학의 문을 두드렸지만 결과는 역시 똑같았다. 평범하고 보잘것없는 그에게 강단을 제공하겠다는 대학은 어디에도 없었다.

하지만 그는 실망하지 않고 대안을 찾은 끝에 YMCA 측에 성인들을 대상으로 강연할 것을 제의한다. 그의 조건은 수강생 수에 따라 수강료를 나누는 것이었다. 이에 손해 볼 것이 없는 YMCA 측에서는 그의 제안을 받아들였다.

마침내 그는 자신의 꿈의 프로젝트인 '인간관계를 위한 대화와 스피치'에 대한 강연을 시작했다. 그가 계획한 강의는 당시로서는 블루오션과도 같았다. 자신의 삶이 새롭게 변화하기를 꿈꾸던 사람들에게 그의 강연은 매우 획기적인 것이었다. 그의 강연을 들은 사람들은 열광했고, 입소문을 타고 확산되었다. 그러자 여기저기서 많은 사람들이 그의 강연을 듣기 위해 몰려왔다.

카네기 자신도 예상하지 못한 놀라운 결과였다. 이에 용기를 얻은 그는 카네기 연구소를 설립하고 '인간경영과 자기계발' 강좌를 개설하였다. 그 후 미국과 캐나다를 비롯해 많은 나라에 카네기 연구소가 설립되었다. 마침내 그는 자신의 꿈을 현실로 이루며 대성공을 거뒀다.

카네기가 자신의 생각을 성공으로 이끌어낼 수 있었던 성공요인은 무엇인가.

그가 지닌 환경 조건은 한마디로 별 볼일 없었지만, 그가 가진 내면의 조건은 매우 긍정적이다.

그러나 여기서 한 가지 짚고 가야 할 것이 있다. 아무리 내면의 조건이 잘 갖추어져 있다고 해도 실천하지 않으면 아무것도 할 수 없다는 것이다. 정말로 중요한 건 내면이 지닌 좋은 조건을 실행에 옮길 수 있어야 한다는 것이다. 이런 관점에서 볼 때 카네기는 실천 능력이 뛰어났다. 그의 좋은 내면의 조건은 그의 실천 능력을 통해 빛을 발한 것이다.

"행동은 말보다 강하다."

이는 카네기가 한 말로 무슨 일을 하는 데 있어 행동, 즉 실천이 얼마나 중요한 것인지를 잘 알게 한다.

그리고 잠재된 능력을 가동시키는 것이 중요하다. 아무리 잠재된 능력이 뛰어나다고 해도 그것을 그대로 묵힌다면 쓰레기처럼 아무 짝에도 쓸모가 없게 된다. 카네기가 교사를 그만두고 소설가의 길을 포기한 것은 그의 잠재된 능력을 이끌어내는 데 결정적인 작용을 했다.

만일 그가 교사를 계속했거나 가능성이 보이지 않는 소설가의 길을 고집했다면 어떻게 되었을까. 그랬다면 인류 역사상 가장 뛰어난 자기계발전문가는 되지 못했을 것이다.

또한 그 당시로서는 블루오션에 도전했다는 것이다. 아무도 하지 않은 일을 한다는 것은 사람들을 망설이게 하고, 긴장하게 하고, 두렵게 한다. 그 일의 결과가 좋으면 좋겠지만 안 됐을 때는 모든 노력이 수포로 돌아가기 때문이다. 그런데 카네기는 처음 가는 길이지만 망설이지 않았다. 망설임은 충분히 할 수 있는 일도 못하게 만든다는 것을 잘 알고 있었기 때문이다. 그가 자신을 받아주지 않는 대학을 포기하고, YMCA를 자신의 꿈을 펼치는 장으로 삼은 것은 자신의 꿈을 날려버리지 않기 위해서였다. 그의 생각은 적중했고, YMCA는 기꺼이 그가 꿈을 펼치게 그를 받아주었다.

데일 카네기는 남과 다른 길을 망설이지 않고 당당하게 걸어갔기 때문에 성공을 이루었다.

꿈을 현실로 만들기 위해서는 꿈을 가슴에 품고, 자신이 지닌 능력을 최대한 발휘하되 마치 오늘이 자기 인생의 마지막이듯이 최선을 다해야 한다.

평범했던 데일 카네기가 자신의 꿈을 이루고 최고의 인간관계 전문가가 될 수 있었던 것은 평생 살 것처럼 꿈꾸고 내일 죽을 것처럼 오늘을 살았기 때문이다.

이렇듯 카네기는 어떻게 사는 것이 자신에게 부끄럽지 않고 잘 사는 길인지를 온몸으로 보여준 실천가였다.

인생의 모델이 되는 사람이 있다는 것은 큰 자산을 갖고 있는 것과 같다. 자신의 인생을 성공적으로 만들고 싶다면 카네기를 인생의 모델로 삼아도 좋을 것이다. 그래서 날마다 그의 목소리에 귀를 기울이고 행동하라. 그렇게 하다 보면 자신도 모르는 사이에 원하는 것을 손에 쥐고 있는 자신의 모습을 발견하게 될 것이다.*

049

## 소신은 자신에 대한 최고의 용기이다

소신 있게 자신을 지키는 것이야말로 최고의 용기이다. 그른 것 대신 옳은 것을, 편리함 대신 도덕과 윤리를, 인기 대신 진실을 택하라.

- 도널드 커티스

'굳게 믿거나 생각하는 것', 소신所信의 사전적 의미이다.

어떤 일에 대한 확고한 믿음으로 자신의 생각을 굽히지 않는 사람을 가리켜 지조와 절개가 있는 사람이라고 말한다. 소신 있는 사람은 자신의 입신양명을 위해 거짓을 말하거나 옳지 않은 일에 나서지 않는다. 그것은 도리가 아니라 여기기 때문이다.

그러다 보니 때론 불이익을 받기도 하고, 사람들로부터 고집이 센 사람으로 오해를 사기도 한다. 그러나 그럼에도 자신의 소신을 굽혀서는 안 된다. 굽히는 순간 소신은 날아가 버리기 때문이다.

"나비처럼 날아서 벌처럼 쏘겠다."

세계프로복싱 사상 세 번의 헤비급 챔피언을 지낸 무하마드 알리가 한 말로 그의 명성을 잘 알게 하는 말이다.

알리는 1964년 헤비급 세계챔피언인 차를레스 리스톤Charles Liston과의 타이틀 매치에서 그를 누르고 권투 역사상 두 번째로 나이 어린 챔피언에 올랐다. 그 후 7회 연속 챔피언 벨트를 지켜내며 전 세계인들을 열광시켰다. 191cm의 키에 100kg이 넘는 몸무게에도 플라이급 선수들보다도 빠른 몸놀림과 현란한 테크닉은 보는 사람들을 즐겁게 했다. 그가 가는 곳마다 구름떼 같은 관중들이 그를 보기 위해 몰려들었고, 말솜씨 또한 빼어나 그의 말을 듣는 것만으로도 흥미를 더했다. 그가 인기가 있는 것은 권투를 잘해서만이 아니다. 자신의 생각에 대한 확고한 소신이 뚜렷했기 때문이다.

그는 미국 정부로부터 베트남전에 참전하라는 명령을 받았다. 그러나 그는 종교적 신념에 의해 참전을 거부했다.

"이것은 평화의 문제가 아니라 힘의 문제다. 왜 나와 내 민족을 공격하지 않은 이들을 내가 공격해야만 하는가?"

이렇게 말하며 징집을 거부했던 그는 3년 반 동안 선수 자격과 챔피언을 박탈당했고, 출국조차 금지 당했다. 그는 자신의 신념을 굽히지 않고 3년 5개월의 긴 싸움 끝에 무죄 선고를 받아냈다. 다시 선수 자격을 얻은 알리는 시련을 극복하고 헤비급 역사상 세 번이나 챔피언에 오르는 등 인간의 강인함과 위대함을 보여주었다.

알리가 소신 있는 선수로서 인정받는 것은 선수로서의 전성기 때 선수 자격을 박탈당함으로써 더 좋은 기록을 낼 수 있는 불합리함을 극복한 데 있다. 이는 개인적으로 볼 때 대단히 불행하고 억울한 일이지만 그는 묵묵히 정부의 부당함에 맞서며 자신의 소신을 끝까지 지켰다. 그는 세상을 떠났지만 미국 국민들로부터 존경과 찬사를 받은 위대한 복서였다.

"소신 있게 자신을 지키는 것이야말로 최고의 용기이다. 그른 것 대신 옳은 것을, 편리함 대신 도덕과 윤리를, 인기 대신 진실을 택하라. 당신의 인생은 그러한 선택들을 통해 평가된다. 뒤를 돌아보지 말고 정직과 성실의 길을 걸어라. 옳은 일을 하기에 부적절한 때란 없는 법이다."

영화 〈십계〉, 〈용감한 레시〉 등에 출연하여 이름을 알린 영화배우 도널드 커티스Donald Curtis가 한 말로 소신이 미치는 영향과 그 가치에 대해 잘 알게 한다.

자신의 분야에서 성공적인 삶을 살았던 사람들 중엔 소신이 뚜렷한 이들이 많다. 흔들림 없는 확고한 믿음인 소신을 지녔기 때문이다. 자신이 옳다고 생각하는 일에 대해 소신을 가져야 한다.

소신은 굳센 용기를 갖는 일이며 스스로를 이롭게 하고 삶의 품격을 높이는 일이다.*

050

## 비판과 불평은 자신을 억압하는 일이다

툭 하면 비판을 하거나 불평을 쏟아내는 사람들이 너무도 많다. 그런 사람들은 언제나 세상의 부정적인 면만 보고 사는 사람들이다. 이런 습관을 고치는 방법은 하나다. 스스로 부정적인 말을 입 밖에 내지 않는 것이다. - 돈 에직

비판하기를 좋아하는 사람은 늘 비판거리를 찾기 위해 시선을 돌린다. 그 사람의 머릿속에는 비판하기 위한 생각으로 가득 차 있기 때문이다. 비판은 좋은 일에든 나쁜 일에든 부정적으로 작용한다. 비판 자체가 부정적이기 때문이다.

비판은 상대를 불쾌하고 불편하게 만들고, 도가 지나치면 자신에게 부정의 화살이 되어 날아온다. 비판은 남도 죽이고 자신도 죽이는 일일 뿐 자신의 인생에 전혀 도움이 되지 않는다.

불평 또한 마찬가지다. 불평은 부정적인 생각이 만들어내는 부정적인 일로 주변 사람들을 불편하게 할 뿐만 아니라 불쾌하게 만든다. 그로 인해 스스로에게도 부정적으로 작용한다. 불평을 일삼는 사람 치고 잘 되는 사람이 없는 것은 바로 이런 이유 때문이다.

비판과 불평은 반드시 마음으로부터, 생각으로부터 빼내 버려야

할 부정적인 자아이다. 버려야 할 것을 버리지 않으면 반드시 문제를 일으키게 된다. 더욱이 습관적으로 굳어버리면 그 폐해는 매우 심각할 수 있다. 그 자신이 사람들로부터 비판과 불평의 대상이 됨으로써 인생을 그릇되게 할 수 있기 때문이다.

이런 폐단을 막기 위해서는 비판과 불평 대신 칭찬과 격려와 감사하는 마음으로 살아야 한다. 칭찬과 격려와 감사는 긍정의 에너지가 넘쳐흐르고 언제나 역동적으로 작용함으로써 상대방은 물론 자신에게도 절대긍정의 에너지를 품게 한다. 그런 까닭에 칭찬과 격려와 감사를 잘 하는 사람이 자신의 인생을 더 풍요롭게 하고 즐겁고 행복하게 살아간다.

이에 대해 대인관계 전문가이자 자기계발동기부여가인 돈 에직 Don Essig은 이렇게 말한다.

"툭 하면 비판을 하거나 불평을 쏟아내는 사람들이 너무도 많다. 그런 사람들은 언제나 세상의 부정적인 면만 보고 사는 사람들이다. 이런 습관을 고치는 방법은 하나다. 스스로 부정적인 말을 입밖에 내지 않는 것이다. 시간을 내어 주위 사람들을 칭찬하고 그들이 해준 일에 고마움을 전하라. 누군가가 맡은 일을 잘 해내면 한껏 격려해주고 축하하라. 감사와 칭찬은 변화를 불러온다. 당신이 상상하는 것 이상의 멋진 결과가 되어 당신에게 되돌아올 것이다."

돈 에직은 긍정적인 마인드를 갖게 될 때 최대한 자신의 능력을 발휘할 수 있다고 지론을 펼친다. 그의 말에서 보듯 그에게는 긍정의 에너지가 넘쳐흐르고 있음을 볼 수 있다.

자신이 하는 일이 잘 되고 원하는 인생을 살고 싶다면 비판과 불평을 버리고, 언제나 칭찬과 격려와 감사하는 마음으로 살아야겠다.*

To you wavering in the face of life's hardships

CHAPTER 6

# 인생은 자전거를 타는 것과 같다

051

# 인생의 참된 용기는 어디에서 오는가

사람의 참된 용기는 인생의 가장 곤란한 또는 가장 위험한 위치에 섰을 때 비로소 나타난다.
- 가브리엘 다니엘

인생을 평탄하게 살 수 있다면 그것처럼 행복한 일은 없을 것이다. 그러나 누구의 인생이든 굴곡이 있기 마련이다. 물질에 따른 굴곡, 건강으로 인한 굴곡, 명예로 인한 굴곡, 권세로 인한 굴곡, 결혼 생활에 따른 굴곡, 친구와의 우정으로 인한 굴곡 등 여러 가지 이유로 인생의 굴곡을 경험하게 된다.

이러한 인생의 굴곡은 견디기 힘들 만큼 시련과 고통을 주기도 하고, 슬픔과 번민 속에 방황하게도 하고, 죽고 싶을 만큼 참담한 마음을 경험하게 한다. 이런 이유로 사람들은 굴곡 없이 평탄하게 살기를 바란다.

하지만 인생이란 참으로 오묘해서 내가 원하는 인생을 살게도 하고, 원치 않는 일생을 살게도 하고, 전혀 생각지도 못했던 인생을 살게 한다. 그런데 어떻게 평탄하기만을 바랄 수 있을까.

프랑스 역사가이자 《데카르트 철학세계로의 여행》의 저자인 가브리엘 다니엘Gabriel Daniell은 다음과 같이 말했다.

"좋은 선장은 육지에 앉아서 될 수 없다. 바다에 나가 무서운 폭풍을 만난 경험이 유능한 선장을 만든다. 격전의 들판에 나서야 비로소 전쟁의 힘을 이해할 수 있다. 사람의 참된 용기는 인생의 가장 곤란한 또는 가장 위험한 위치에 섰을 때 비로소 나타난다."

다니엘의 말에서 보듯 사람은 누구나 자신만의 인생을 살아가는 인생의 선장이다. 어떤 사람은 멋지고 커다란 인생의 배를 몰고, 또 다른 어떤 사람은 작고 보잘것없는 인생의 배를 몬다. 배의 크기와 모습만 다를 뿐 누구나 자기 인생의 배를 몰고 인생이란 바다를 항해하는 선장이다.

그런데 어떤 사람은 유능한 선장으로 살아가지만 어떤 사람은 무능한 선장으로 살아간다. 유능한 선장은 자신의 배를 자신이 원하는 대로 항해하지만 무능한 선장은 그렇지 못하다. 유능한 선장이 되기 위해서는 거센 폭풍도 겪어봐야 하고, 온갖 풍파를 이겨내야 한다. 그러는 가운데 인생의 지혜를 터득하게 되고, 굳센 용기와 강력한 의지를 기르게 된다.

이렇듯 인생의 참된 용기는 평탄한 가운데서는 오지 않는다. 시련과 역경, 고난과 환란과 맞서 싸워 이겨야만 취할 수 있는 인생의 기쁨이며 가치이다.

참된 용기를 갖게 되면 굳은 신념이 마음속에서 탄탄하게 받쳐

준다. 그래서 그 어떤 시련과 역경도 두려워하지 않고 맞섬으로써 인생의 유능한 선장이 되는 것이다.

이에 대해 독일의 정신분석학자이자 《사랑의 기술》, 《자조적 인간》으로 잘 알려진 에리히 프롬Erich Fromm은 이렇게 말한다.

"용기란 위험을 감수할 수 있는 능력이다. 그것은 고통과 실망까지도 받아들일 수 있는 준비를 말한다. 그러므로 위험이 닥친다 해도 두려워할 필요는 없다. 오히려 그때야말로 용기를 시험할 수 있는 좋은 때이다."

그렇다. 참된 용기는 고통과 실망까지도 받아들일 수 있다. 그래서 어떤 어려움도 시련도 역경도 이겨낼 수 있는 것이다. 참된 용기가 있는 한 그 누구도 인생의 유능한 선장으로 살아갈 수 있다.*

052

## 절대긍정의 힘

끝까지 노력하는 자세는 우리의 몫에 달렸다. 그와 같은 자세로 노력할 때 우리는 적어도 그 노력에 상응하는 좋은 결과를 내면적으로 성취해낼 수 있다. - 레프 톨스토이

같은 일을 놓고도 사람에 따라 각기 다른 반응을 보인다. 특히 그 일이 힘들고 어려울 때는 더욱 그러하다.

가령 어려운 일에 봉착했을 때 어떤 사람은 "이 정도는 아무것도 아니야. 이보다 더한 어려움이 있더라도 나는 반드시 해내고야 말겠어"라고 말하는데, 또 다른 어떤 사람은 "내가 이걸 어떻게 하지? 난 죽으면 죽었지 못하겠어"라고 말한다.

같은 일을 놓고도 생각의 차이는 극과 극을 보인다. 그러면 어떻게 해야 할까. 이에 대한 답은 하나다. 자신이 원하는 것을 취하기 위해서는 반드시 그 일을 해결해야만 한다는 것이다.

긍정적인 생각을 갖고 능동적으로 행동하는 사람은 어떤 문제 앞에서도 절대 기가 죽거나 두려워하지 않는다. 설령 실패를 하더라도 끝까지 해내려는 의지를 보인다. 그래서 긍정적인 사람이 성

공할 확률도 많고, 일에 대한 성취도도 높다.

러시아의 국민작가이자 사상가이며 문명비평가인 레프 톨스토이Lev Tolstoi는 다음과 같이 말했다.

"한 사람이 보석을 바다에 던져 버렸다. 그러나 이내 후회를 하면서 보석을 되찾을 욕심에 국자로 물을 퍼내기 시작했다. 한참 뒤 바다의 신이 나타나 그에게 물었다. '언제쯤이면 네 보석을 찾을 거라고 생각하느냐?' 그러자 그는 이렇게 말했다. '이 바닷물을 전부 퍼내면 찾을 수 있다고 생각합니다.' 대답을 들은 바다의 신은 보석을 건져다가 그 사람에게 주었다.

겉으로 드러나는 결과 자체가 오직 우리의 의지로 인해 결정되는 것은 아니나, 끝까지 노력하는 자세는 우리의 몫에 달렸다. 그와 같은 자세로 노력할 때 우리는 적어도 그 노력에 상응하는 좋은 결과를 내면적으로 성취해낼 수 있다."

톨스토이의 말은 절대긍정의 힘을 말한다.

보석 하나를 찾기 위해 바닷물을 국자로 퍼낸다는 것은 무모하고 상식에 벗어나는 일처럼 보일 것이다. 그런데도 절대긍정의 힘을 발휘하여 바닷물을 퍼내겠다고 하니 바다의 신은 그 사람의 마음이 갸륵해서 보석을 건져다가 준다. 이는 끝까지 노력하는 사람에게는 그를 도와주려고 하는 보이지 않는 손이 작용한다는 것을 의미하는 것으로 절대긍정의 마음을 가지라는 것이다.

영국의 식민지로 전락한 인도를 독립시키기 위해 무저항운동을 펼쳤던 마하트마 간디의 위대한 독립운동은 절대긍정의 힘을 잘 보여준다.

간디가 무저항운동을 펼친 것은 당시로서는 무모하기 짝이 없는 일이었다. 영국은 '해가 지지 않는 나라'라는 말이 말해주듯 막강한 힘을 가지고 있었다. 그에 비해 인도는 보잘것없는 연약한 나라였다. 그런데 간디가 떨치고 일어나 인도 국민을 하나로 결집시켰다. 그러자 독립할 능력이 되지 않았음에도 독립할 수 있는 힘이 생긴 것이다. 그리고 마침내 영국의 속박으로부터 벗어나 자유와 평화를 찾았다.

간디는 독립운동을 통해 깨달은 진리를 다음과 같이 말한다.

"할 수 있다는 믿음을 가지면 그런 능력이 없을지라도 결국에는 할 수 있는 능력을 갖게 된다."

내 힘으로는 할 수 없을 것 같아도 할 수 있다는 믿음을 갖게 되면 능력이 생긴다. 성공적인 인생을 살았던 사람들 중엔 이런 부류의 사람들이 많이 있다. 그들은 최악의 순간에도 포기하지 않는 강철의지와 신념으로 자신을 철저하게 무장했던 것이다.

자신의 능력이 부족해도 할 수 있다는 확신을 가져야 한다. 그러면 보이지 않는 힘이 작용한다. 그것이 바로 절대긍정의 힘이다.*

053

## 희망을 정복하는 자

산은 올라오는 사람에게만 정복된다. - 알랭

PGA미국 프로골프투어에서 무려 355번의 도전 끝에 첫 우승을 한 미국의 해리슨 프레이저Harrison Frazar. 그가 이룬 우승은 그가 PGA에 참가한 지 13년 6개월 만이다. 참으로 놀라운 일이 아닐 수 없다. 말이 13년 6개월이지, 그 오랜 기간 동안 무명으로 지내면서도 우승의 꿈을 포기하지 않는 그의 집념이야말로 얼마나 위대한 것인가. 그것은 그에게 있어 종교보다도 거룩하고 그 무엇으로도 바꿀 수 없는 존재의 가치이다. 그가 우승을 하기 전까지의 최고 기록은 바이런 넬슨 챔피언십에서 거둔 공동 14위가 고작이었다. 대개의 선수는 그 정도가 되면 실력의 모자람을 알고 포기하고 말았을 것이다.

그러나 그는 결코 포기하지 않았다. 그의 가슴에는 우승을 해야 한다는 희망이 너무도 간절하게 타오르고 있었기 때문이다. 만일 그가 354번째 대회를 끝으로 선수생활을 포기했다면 어떻게 되었을까. 355번 만에 이룬 우승의 기쁨은 영원히 누리지 못했을 것이다. 그의 노력과 인내심이 이룬 아름다운 결과에 많은 사람들은 감동했다.

희망은 자신을 간절히 원하는 사람을 좋아한다. 희망을 위해 노력을 아끼지 않고 즐거운 마음으로 노력해야 한다. 희망은 그런 사람에게 기쁨이 되어 찾아간다. 그러나 입으로만 희망을 말하는 자에게는 찾아가지 않는다. 진실성이 없어 희망은 그런 사람을 좋아하지 않기 때문이다.

희망을 이루기 위해서는 노력과 함께 인내하는 마음이 있어야 한다. 희망이 찾아오는 시기는 사람에 따라 다르기 때문인데 인내하지 못함으로써 희망을 놓치는 경우가 비일비재하다. 희망은 끝까지 노력을 아끼지 않고 자신을 기다리는 자에게 기쁨의 미소를 띠고 찾아간다.

프랑스 철학자이자 비평가인 알랭Alain은 다음과 같이 말했다.

"희망은 산과 같은 것이다. 저쪽에서는 기다리고 이쪽에서는 틀림없이 찾아갈 수 있다. 그러나 길을 찾아 올라가야 한다. 단단한 마음을 먹고 떠난 사람들은 모두 산꼭대기에 도착할 수 있다. 산은 올라오는 사람에게만 정복된다."

알랭의 말에서 보듯 희망이라는 산은 아무나 오를 수 없다. 단단히 마음먹고 오르는 자만이 희망이라는 산에 오를 수 있다.

그런데 이를 간과하고 자신에게는 왜 희망이 오지 않을까 하며 불평하는 사람들이 있다. 이는 희망의 속성을 잘 몰라서 하는 허약한 투정일 뿐이다. 희망을 이루기 위해 노력을 아끼지 말고 끝까지 포기하지 마라. 그러면 반드시 희망이 기쁨의 미소로 찾아갈 것이다.*

054

# 한 곳에 머무르지 말고 앞으로 나아가라

앞으로 나아가는 사람에게는 행복이 따르고 멈추는 사람에게는 행복도 멈춘다. - 랠프 왈도 에머슨

한 곳에 고여 있는 물은 생명력을 상실한다. 고여 있는 물은 썩게 되고 썩은 물은 더 이상 물로서의 가치를 상실한다. 물은 계속 솟아나고 쉬지 않고 흘러가야 한다. 그래야 생명력을 발휘하고 사람을 비롯한 수많은 동물과 식물 등의 생물들에게 생명수가 된다.

어린 시절 넓은 마당에 작은 연못이 있고, 연못 한가운데 운치 있는 정자가 있는 집이 있었다. 우연히 그 집에 가게 되었는데 그 멋진 정원 풍경에 그만 푹 빠지고 말았다. 내 눈에 비치던 그때 그 모습은 한 폭의 그림과도 같았다. 이렇게 멋진 집이 있다니, 어린 내 입에서는 연신 감탄사가 튀어나왔다.

특히 내 마음을 사로잡은 것은 수정 같이 맑고 푸른 연못이었다. 연못에는 잉어를 비롯한 물고기들이 한가로이 놀고 있었으며, 연못 한복판 정자에서는 마치 품격 있는 선비들이 모여 앉아 시를 읊

을 것만 같았다.

나는 작고 깜찍한 나무다리를 건너 정자로 가서 나무 의자에 걸터앉았다. 마치 귀한 집 도령이 된 기분이었다. 한가로이 노니는 물고기를 내려다보다 보며 나도 이담에 어른이 되면 돈 많이 벌어서 이런 집에서 살아야겠다고 다짐하였다.

그리고 오랜 세월이 지나 그 집이 있던 동네를 가게 되었다. 오래전 고향을 떠났다 돌아온 터라 과연 그 집이 그대로 있을까, 궁금증이 일었다. 볼일을 마친 나는 기억을 더듬어 그 집을 찾아갔다. 다행히도 그 집이 그대로 있었다. 그런데 나를 놀라게 한 것은 그 옛날 멋지고 아름다운 모습은 어디로 가고 낡고 허름한 모습으로 나를 맞아주었던 것이다.

나는 대문 옆에 있는 벨을 눌렀다. 아무도 없는지 기척이 없었다. 그래서 아쉽지만 발길을 돌리려는데 어떤 할머니가 대문을 여는 것이 아닌가. 나는 할머니에게 어린 시절 이야기를 하며 마당 구경을 하고 싶다고 했더니 들어오라고 했다. 연못은 그대로 있었고, 정자는 나무가 썩어 낡을 대로 낡아 있었다. 더욱이 나를 실망스럽게 한 것은 연못이었다. 맑고 푸른 연못은 어디로 가고 발끝에 닿을 듯 찰랑거리던 물도 반쯤 줄어 있었으며 물도 희뿌연 것이 횟가루를 엷게 탄 것 같았다. 물 위는 파리를 비롯한 해충들이 차지하고 있어 더욱 황폐해 보였다. 나는 실망스러움을 금할 수가 없었다.

옛날에는 참 맑고 푸른 연못이라고 했더니, 할머니는 자신과 할 아버지만 살아 가꿀 수가 없어서 그렇다며 힘없이 말했다. 나는 인사를 건네고 밖으로 나왔다. 그러고는 다시 한 번 주욱 바라보곤 집으로 돌아왔다.

그 집의 연못처럼 썩은 물은 더 이상 물이 아니다. 물은 계속 솟아나고 흘러야 한다. 그래야 썩지 않고 푸른 생명력으로 사람들과 생물들에게 생명수가 되어준다.

사람도 마찬가지다. 생각이 고여 있으면 구태의연한 사람이 되고 만다. 이런 사람은 발전할 수 없고, 그 누구에게도 주목받지 못한다. 새로운 생각으로 가득 채워야 한다. 그래야 변화무쌍한 현대사회에서 자신이 원하는 삶을 이루고 삶에 만족하며 행복하게 살 수 있다.

"사람은 앞으로 나아가야지 한 곳에 머물러 있어서는 안 된다. 앞으로 나아가는 사람에게는 행복이 따르고 멈추는 사람에게는 행복도 멈춘다."

이는 미국의 시인이자 사상가인 랠프 왈도 에머슨Ralph Waldo Emerson이 한 말로, 항상 자신을 변화시켜야 함을 뜻한다. 그래야 지금보다 더 나은 삶을 살게 되고, 더 풍성한 행복 속에서 즐겁게 살아가게 되기 때문이다.

언제나 자신을 새롭게 하라. 몸과 마음이 새로워지면 인생도 새로워지게 되는 법이다.*

055

## 분수를 알 때 삶은 평온해진다

분수를 지키는 지혜를 깨달아 그것을 따를 때 모든 것은 평온해질 것이다. - 뤼신우

살아가면서 반드시 지켜야 할 것들 중에는 '분수分數'라는 것이 있다. 분수란 '자신의 신분이나 처지에 알맞은 정도'를 뜻한다. 그러면 왜 사람은 분수를 지켜야 하는가. 그것은 사람은 저마다의 처지와 환경이 다르기 때문에 무엇을 할 땐 자신의 환경에 맞게 잘 맞춰서 해야 과오를 피하게 되고, 자신이 뜻하는 바를 이루는 데 도움이 되기 때문이다.

자신의 실력이 미치지 못하는 대학을 가려고 하면 실패의 쓴잔을 들게 된다. 취업도 마찬가지다. 능력이 미치지 못하는데도 굳이 자신이 원하는 직장에 입사하려고 하면 십중팔구는 실패하고 만다.

자신이 원하는 대학이나 직장에 들어가려고 한다면 그에 미치는 실력을 쌓으면 된다. 실력이 미치지 못한다면 자신의 실력에 맞는 대학이나 직장에 응시하면 합격할 확률이 높다. 그런데 사람들 중

엔 자신의 분수를 알지 못하고 능력과 실력이 미치지 못하는 곳을 향해 나아가려고만 하는 이들이 있다. 그러다 보니 매번 실패하게 되고, 끝내는 좌절하고 절망하게 된다.

어디 이뿐인가. 자신의 형편을 망각한 채 외국 제품만 쓰는 사람, 유명 메이커만 고집하는 사람, 국산차를 외면하고 외제차만 타는 사람, 고급 레스토랑만 이용하는 사람 등 실로 그 수를 헤아리기가 힘들 정도다.

그런데 문제는 분수를 넘어선 행동으로 인해 가족을 비롯한 친지나 친구들에게 폐를 끼치고, 사채를 쓰는 등 돌이킬 수 없는 상황에 놓이는 데 있다. 이는 본인은 물론 주변 사람들에게도 고통스러운 일이다.

분수를 지키지 않는 것은 허례허식과 허영심으로 인한 욕망 때문이다. 어떤 상황에서도 반드시 분수를 지켜야 한다. 분수를 지키면 헛된 욕망으로부터 자신을 지켜냄으로써 불행한 길로 빠지는 것을 막을 수 있다.

"물질에는 한계가 있지만 사람의 욕망에는 한이 없다. 한계가 있는 것으로 한없는 것을 만족시키려면 반드시 다툼이 일어날 수밖에 없다. 하지만 세상 모든 사람이 만족할 줄 아는 지혜를 깨달으면 세상에 부족함이 없을 것이다. 물질은 안정되어 있지만 사람의 마음은 늘 요동친다. 이렇게 흔들리며 요동치는 것으로 안정되어 있는 것을 움직이려고 하면 실패는 불가피하다. 분수를 지키는 지혜를 깨달아 그것을 따를 때 모든 것은 평온해질 것이다."

중국 명나라의 대학자이자 정치가인 뤼신우의 말이다. 욕망에 사로잡히지 않으려면 분수를 지켜야 한다는 것을 잘 알게 한다.

자신의 분수를 안다는 것은 욕망을 절제할 수 있다는 말과도 같다. 어떤 미혹이나 헛된 망상으로부터 자신을 지켜내야 한다. 그것이야말로 헛된 욕망으로부터 자신이 자유로울 수 있는 지혜이다.*

056

# 화가 사람에게 미치는 영향

화를 참지 못하고 화를 내는 것은 화를 받는 사람보다도 내는 사람에게 더 큰 피해를 가져다준다.
- 토머스 제퍼슨

화를 내는 것은 곧 자신의 행복을 갉아먹는 행위와 같다. 화를 내게 되면 이성을 잃기 쉽고, 그러다 보면 감정에 치우쳐 불행한 사태를 초래하게 된다. 최근 들어 뉴스를 장식하는 보도 중에는 자신의 화를 참지 못하고 터뜨리는 바람에 자신에게도 상대방에게도 불행을 초래하는 일로 넘쳐난다.

보복운전으로 인해 애꿎은 가족이 불행의 길로 빠지고, 걸어가다 어깨를 부딪쳤다는 이유로 폭력을 휘두르고, 한국 문화에 익숙하지 않는 외국 젊은이의 말실수를 건방지다며 폭행을 하는 등 마치 분노의 파노라마를 보는 듯하다. 결국 화로 인해 철장에 갇히는 신세가 되고 만다. 그리고 나중에야 자신의 행동이 잘못되었다는 걸 알지만 그때는 이미 버스가 지나간 뒤다.

화는 자신에게 아무런 도움도 주지 않는다. 화를 자주 내면 혈압을 상승시켜 건강을 악화시키고, 주변 사람들에게 나쁜 이미지를 심어줌으로써 소통의 단절을 가져오는 등 백해무익할 뿐이다.

화가 날 때는 제어할 수 있는 장치가 필요하다. 이에 대해 미국 독립선언문을 기초했으며, 제3대 대통령을 지낸 토머스 제퍼슨Thomas Jefferson은 다음과 같이 말했다.

"화가 날 때는 열까지 수를 세어라. 그래도 화가 풀리지 않으면 백까지 세라. 화를 참지 못하고 화를 내는 것은 화를 받는 사람보다도 내는 사람에게 더 큰 피해를 가져다준다."

토머스 제퍼슨의 말은 매우 일리가 있다. 화가 끓어오르는 것은 순간적이다. 그 순간을 참느냐 참지 못하느냐에 따라 화를 절제하게 되거나 분출하게 된다. 그런데 토마스 제퍼슨이 제시한 숫자를 세는 방법은 손쉽게 화를 제어할 수 있다. 화가 막 끓어오를 때 아무 생각하지 말고 숫자를 세는 것이다. 하나, 둘, 셋, 넷, 다섯 하고 열까지 세는 것이다. 그래도 화가 안 풀린다면 계속해서 숫자를 세는 것이다.

물론 그렇게 한다는 것은 쉽지 않다. 감정을 최대한 절제할 수 있을 때만 할 수 있다. 그러나 문제 될 것은 없다. 모든 것은 훈련이 필요한 것처럼 화를 참는 것 또한 훈련하면 된다. 화가 날 때마다 숫자를 세어라. 그렇게 자주 반복하다 보면 몸이 먼저 반응한다. 몸이 반응하게 되면 아무리 격한 감정으로 화가 치밀어 올라도 화를 누를 수 있다.

화가 날 때 화를 절제하게 되면 불상사를 막을 수 있고, 상대에게나 주변 사람들에게 좋은 이미지를 심어줌으로써 자신에게 덕이 되게 한다. 화를 참는다는 것은 곧 덕을 쌓는 일이다.*

057

# 삶의 모든 해답은 자신 안에 있다

모든 해답은 우리의 내부에 있다. 우리는 스스로 그것을 깨달아야 한다. - 바바 하리다스

모든 사람의 삶은 자신의 생각으로 만들어지고 완성된다. 어떤 사람은 자신이 원하는 대로 살고, 어떤 사람은 전혀 상반된 삶을 살기도 한다. 그리고 또 다른 어떤 사람은 되는대로 살아간다.

그런데 자신이 원하는 대로 사는 사람들보다는 그렇지 않은 사람들이 더 많다는 데 문제가 있다. 그렇다면 무엇 때문에 이런 현상이 생기는 걸까. 자신이 원하는 삶을 살기 위해 어떻게 해야 할 것인지에 대한 생각이 확고하지 않기 때문이다.

자신이 무엇을 해야 하는지에 대한 것을 찾기 위해서는 꾸준히 자신의 내면을 살피면서 그에 맞는 것을 찾아야 한다. 물론 그렇게 한다는 것은 쉽지 않다. 그러나 쉽지 않아도 자신의 행복을 위해 찾아야 한다.

그리고 나아가 자신이 만나는 모든 사람에게서 자신에게 잘 맞는

것이 무엇인지를 배워야 한다. 세상은 거대한 교실과 같다. 그 교실에 참다움과 거짓이 있고, 내가 원하는 길을 가는 지혜가 들어 있다. 그래서 꾸준히 성찰하고 자신을 살피는 노력이 필요한 것이다.

그런데 그런 과정 없이 쉽게만 가려고 하니 원하는 길을 가지 못하고 전혀 바라지 않았던 삶을 살게 되고, 이것도 아니고 저것도 아닌 되는 대로의 삶을 살아가게 된다. 이처럼 불투명하고, 불확실하고, 무의미한 자아로부터 빠져나와야 한다.

이에 대해 침묵의 수행자이자 명상가이며 《성자가 된 청소부》의 저자인 바바 하리다스는 다음과 같이 말했다.

"모든 해답은 우리의 내부에 있다. 우리는 스스로 그것을 깨달아야 한다. 배는 하나의 방향타에 의해 방향을 조절한다. 방향타는 배 안에 있다. 바로 스승은 당신 안에 있다. 그 스승이 참다운 당신인 것이다. 세상 전체가 우리의 스승이다. 우리는 모든 사람에게 배워야 한다. 그러나 모든 것을 한꺼번에 알 수 있다는 의미는 아니다. 어떤 대답은 깊은 영향을 주기도 하고 또 어떤 것은 그렇지 않기도 하다. 의식이 높아질수록 이해 또한 깊어진다. 우리는 서로 다른 일과 사고 감각을 가지고 있다. 이런 차이점 때문에 다른 사람의 말을 자기 식으로 해석해서 그것에 따라 행동한다."

바바 하리다스의 말은 공감을 불러일으키기에 충분하다.

자신을 통해 깨달음을 얻든, 다른 사람으로부터 깨달음을 구하든 결국 깨달음의 주체는 자신이다. 자신이 원하는 삶을 통해 행복을 추구하고 싶다면 자신의 내면을 살피는 일을 소홀히 해서는 안 된다. 자신의 내면을 들여다보는 눈을 갖게 될 때 자신이 원하는 삶을 통해 행복한 삶을 성취할 수 있기 때문이다.*

058

# 동정이나 칭찬을 받으려고 하지 마라

홀로 의연히 서 있는 사람은 남의 동정을 기대하지 않는다.
- 라 로슈푸코

사람들 중에는 사람들로부터 동정 받기를 바라고 칭찬 듣기를 바라는 이들이 의외로 많다. 이는 인간의 내면에는 내가 아닌 타인들로부터 위로와 위안을 받고 싶은 마음이 내재되어 있기 때문이다. 또한 칭찬을 받음으로써 자신의 존재가치를 스스로 높이고 싶은 심리가 깔려 있다.

물론 이를 나쁘다고만 할 수 없다. 사람은 불완전한 존재인 까닭에 본능적으로 행하게 되는 일이기도 하다. 문제는 그것이 도를 넘으면 누군가에게 의지하려는 마음으로 인해 충분히 할 수 있는 것도 놓치는 경우가 종종 있음을 볼 수 있기 때문이다.

동정을 바라고 칭찬을 바라는 마음으로부터 벗어나기 위해서는 스스로를 강화시키는 노력이 필요하다. 누군가의 동정이나 도움 없이도 또는 칭찬과 위로가 없이도 자신의 문제를 스스로 해결할 수 있어야 한다. 그렇게 될 수 있다면 어느 곳에 있든지, 어떤 문제에 봉착하게 되든지 흔들리지 않고 스스로를 극복하게 된다.

자신에게 주어지는 모든 삶은 마땅히 자신 스스로 해결해야 하는 인생의 과제이다. 자신의 인생 과제를 어렵다고 해서 누군가의 도움을 바란다면 그것은 자신의 고유한 인생의 참 가치를 떨쳐내는 것과 다름없다.

자신의 인생의 길을 가는 사람은 자신 외엔 아무도 대신 해줄 수 없다고 믿는다. 힘들어도 내 인생, 즐거워도 내 인생, 기뻐도 내 인생, 슬퍼도 내 인생이라고 생각한다. 그렇다. 이는 오직 자신만이 할 수 있는 일인 것이다.

그래서 자신의 길을 잘 가는 사람들은 누군가에게 자신의 인생을 의지하려고 하지 않는다. 동정과 칭찬은 더더욱 바라지 않는다. 그것은 자신을 약화시키는 일이라는 것을 잘 알기 때문이다. 그런 까닭에 그 어떤 어려움이 닥쳐도 헤치고 나가고, 어떤 문제로 인해 고민할 때도 어떻게든 스스로 해결하고자 고군분투한다. 그리고 마침내 어려움을 극복하고 자신이 원하는 것을 이뤄낸다.

동정을 바라고 칭찬을 바라는 것의 위험성에 대해 프랑스 작가이자 정치가인 라 로슈푸코La Rochefoucauld는 이렇게 말했다.

"남에게 동정이나 칭찬을 받으려는 생각 속에는 남에게 의지하려는 마음이 숨어 있다. 홀로 의연히 서 있는 사람은 남의 동정을 기대하지 않는다. 남의 칭찬과 비난에도 일일이 신경 쓰지 않는다."

그렇다. 라 로슈푸코의 말처럼 자신에게 주어진 인생의 과제는 스스로 해결하도록 해야 한다. 그렇게 될 때 자신에게 주어진 모든 것을 스스로 해나갈 수 있는 힘이 생긴다. 동정이나 칭찬이 때론 필요한 것이지만, 의존은 절대 금물임은 바로 이런 데 이유가 있음을 분명히 해야 할 것이다.*

059

## 인생은 자전거를 타는 것과 같다

인생은 자전거를 타는 것과 같다. 당신이 계속 페달을 밟는 한 당신은 넘어질 염려가 없다.
- 클라우드 페페

어린 시절 자전거를 배울 때다. 어린 내가 어른 자전거로 배우려니 여간 힘든 일이 아니었다. 자전거를 끄는 것조차 버거울 정도였다. 그러다 보니 연신 넘어져 무릎이 까이고 손에도 상처가 생겼다. 그러다 보니 '또 넘어지면 어떡하지' 하는 두려운 마음이 생겼다. 그러자 점점 자신이 없어졌다.

그러던 어느 날이었다. 내가 하는 것을 지켜보던 이웃집 형이 말했다.

"두려워하지 말고 해. 넘어지는 것을 겁내면 배울 수 없어. 그리고 다리가 짧아도 계속 페달을 밟아. 그러면 넘어지지 않고 잘 가게 돼. 내가 뒤에서 잡아줄게."

나는 형의 말을 듣고 용기를 내어 자전거에 올라타기 위해 거듭해서 노력했다. 내 뒤에 형이 있다고 생각하니 안심이 되었다. 그리고 마침내 자전거에 올라타는 데 성공하였다. 그리고 이번엔 짧은 다리로 페달을 돌려야 했다. 나는 오른쪽 다리로 페달을 밟아 왼쪽으로 페달이 올라오면 재빠르게 왼쪽 다리로 페달을 밟았다. 그렇게 반복하자 짧은 다리로도 넘어지지 않고 자전거를 잘 타게 되었다.

나는 그때 형이 내게 해준 말을 지금도 잊지 않고 또렷이 기억한다. 내가 만일 형의 말을 듣고도 망설이고 시도하지 못했다면 자전거를 배우지 못했을 것이다. 그리고 그때 깨달은 것은 다리가 짧아도 계속해서 페달을 밟으면 절대 넘어지지 않는다는 사실이다. 그러나 페달을 멈추는 순간 자전거는 넘어지고 만다는 사실도 경험에 의해 알게 되었다.

나는 이미 그때 우리의 삶도 이와 같다는 것을 어렴풋이 알았던 것이다. 그렇다. 인생이라는 자전거는 멈추면 더 이상 앞으로 나아가지 못한다. 늘 그 상태로 머무를 수밖에 없다. 그리고 그것은 곧 퇴보로 이어지고 만다. 앞으로 나아갈 때 나아가지 않으면 그것은 인생이든 자전거든 자동차든 기차든 더 이상의 가치를 갖지 못한다.

가치 있는 인생이 되기 위해서는 계속 인생이라는 자전거의 페달을 밟아야 한다. 그래야 자신이 추구하는 것을 이루게 되어 가치 있는 인생이 될 수 있다.

"인생은 자전거를 타는 것과 같다. 당신이 계속 페달을 밟는 한 당신은 넘어질 염려가 없다."

이는 미국의 정치가인 클라우드 페페Claude Pepper가 한 말로 인생은 머무르는 것이 아니라 계속해서 앞으로 나아간다는 것을 의미한다. 앞으로 나아가는 인생은 인생의 자전거가 넘어지지 않는다. 그러나 멈추면 넘어지고 만다.

가치 있게 살고 싶다면 자신의 인생이란 자전거의 페달을 힘차게 밟아야 한다. 그러면 그 어떤 일에도 가치를 획득하게 될 것이다.*

060

## 상대의 의견을 존중하는 태도

상대가 비록 불쾌한 말을 하더라도 오히려 적극적으로 그 이야기를 들어주어서 조금이라도 상대의 의견을 존중하는 태도를 가져라.

– 벤자민 프랭클린

사람들을 만나다 보면 별별 사람들이 다 있다. 지나칠 만큼 배려심이 좋고 친절한 사람이 있는가 하면, 말을 함부로 하고 행동하는 사람도 있다. 뿐만 아니라 불친절하고 배려심이라고는 눈곱만큼도 없는 사람도 있다. 그런데 문제는 배려심이 좋고 친절한 사람은 누구에게나 좋은 인상을 심어주지만, 말을 함부로 하고 제멋대로 행동하는 사람이나 불친절한 사람은 나쁜 이미지를 심어주어 사람들이 멀리하게 된다.

미국 건국의 아버지 중 한 사람으로 정치가이자 발명가인 벤자민 프랭클린Benjamin Franklin은 이런 사람에게도 마음을 내어주라고 말한다.

"상대가 비록 불쾌한 말을 하더라도 오히려 적극적으로 그 이야기를 들어주어서 조금이라도 상대의 의견을 존중하는 태도를 가져

라. 그렇게 되면 상대도 당신의 의견을 존중하게 된다."

벤자민 프랭클린의 말대로 한다는 것은 쉽지 않다. 그것은 넓은 마음을 가져야만 할 수 있는 행동이다. 그런데도 그렇게 해야 한다고 말하는 것은 그것이 인격을 갖춘 사람으로서 해야 하는 마음의 자세이기 때문이다. 프랭클린은 자수성가한 대표적인 인물 중 한 사람으로 자신의 경험에서 우러난 말이라는 것을 알 수 있다.

프랭클린은 어린 시절 가난으로 학교를 그만두고, 열 살 때 형의 인쇄소에서 일을 배워 훗날 인쇄업으로 성공하였다. 그는 〈펜실베이니아 가제트〉를 인수해 영향력 있는 신문으로 발전시켰으며, 펜실베이니아대학교의 전신이었던 필라델피아아카데미를 창설하고, 도서관을 설립했으며 미국철학협회를 창립하는 등 교육과 문화에서 폭넓은 활동을 보였다.

또한 펜실베이니아주 하원의원이 되었으며, 체신장관대리가 되어 우편업무 발전에 크게 기여하였다. 그는 영국에 파견되어 식민지에 자주 과세권을 획득했고, 인지조례의 철폐를 성공시켰다. 그리고 1776년에는 독립선언 기초위원에 임명되었다. 그 후 프랑스로 건너가 아메리카와 프랑스 동맹을 성립시켰으며, 프랑스의 재정원조를 얻는 데 성공함으로써 미국의 건국에 크게 이바지하였다.

프랭클린은 비록 학교를 다니지 못했지만 많은 책을 읽고 실력을 길렀으며, 성실과 근면으로 노력한 끝에 사업가로서 정치가로서 성공하였다. 그는 사람들과의 만남에 있어 상대를 배려하고 이해함으로써 사람들에게 좋은 이미지를 심어주었다. 이러한 그의 삶의 자세는 많은 사람들로부터 자신을 존경받게 했으며, 미국의 역사에 있어 중요한 인물이 되어 길이 남는 데도 영향을 끼쳤다.

그가 성공한 인물이 된 것은 다재다능한 재능과 능력에도 있지만 인격적으로 결함이 있는 사람들과도 잘 관계를 유지함으로써 폭넓게 사람들의 마음을 얻었기 때문이다. 그는 진정한 인생의 승리자이다.*

To you wavering in the face of life's hardships

CHAPTER 7

# 생각은 인생의 소금이다

061

# 품격 있는 인생이 되는 비결

> 아름다운 입술을 갖고 싶으면 친절한 말을 하라. 사랑스런 눈을 갖고 싶으면 사람들에게서 좋은 점을 보아라. 날씬한 몸매를 갖고 싶으면 너의 음식을 배고픈 사람과 나누어라. 아름다운 머리카락을 갖고 싶으면 하루에 한 번 어린이가 손가락으로 너의 머리를 쓰다듬게 하라. 아름다운 자세를 갖고 싶다면 결코 너 혼자 걷고 있지 않음을 명심하라.
>
> – 오드리 헵번

"아름다운 입술을 갖고 싶으면 친절한 말을 하라. 사랑스런 눈을 갖고 싶으면 사람들에게서 좋은 점을 보아라. 날씬한 몸매를 갖고 싶으면 너의 음식을 배고픈 사람과 나누어라. 아름다운 머리카락을 갖고 싶으면 하루에 한 번 어린이가 손가락으로 너의 머리를 쓰다듬게 하라. 아름다운 자세를 갖고 싶다면 결코 너 혼자 걷고 있지 않음을 명심하라.

사람들은 상처로부터 복구되어야 하며, 낡은 것으로부터 새로워져야 하고, 병으로부터 회복되어져야 하고, 무지함으로부터 교화되어야 하며, 고통으로부터 구원받고 또 구원받아야 한다. 결코 누구도 버려서는 안 된다. 기억하라. 만약 도움의 손이 필요하다면 너의 팔 끝에 있는 손을 이용하면 된다. 네가 더 나이가 들면 손이 두 개라는 걸 발견하게 된다. 한 손은 너 자신을 돕는 손이고, 다른 한 손은 다른 사람을 돕는 손이다."

이는 〈티파니에서 아침을〉, 〈전쟁과 평화〉, 〈로마의 휴일〉 등 수많은 영화에서 열연을 펼치며 세기의 연인으로 사랑받은 오드리 헵번Audrey Hepbum이 한 말로 그녀의 헌신적인 인간애가 잘 나타나 있다.

그녀는 벨기에 출생의 영국 배우로 깜찍하고 귀여운 미모에 매혹적인 눈과 그녀만의 허스키한 목소리, 그리고 백합화를 닮은 청순한 이미지와 연약함은 많은 팬들에게 깊은 인상을 주어 그 어떤 여배우에도 뒤지지 않는 사랑받는 배우였다. 그녀는 〈로마의 휴일〉로 아카데미 여우주연상을 수상하였으며, 골든그로브상, 에미상, 그래미상을 수상하였다. 그녀는 1999년 미국영화연구소가 선정한 '지난 100년 동안 가장 위대한 인물 100명의 스타' 여성배우 목록에서 3위에 올랐다.

그녀의 삶이 아름답고 고귀한 것은 그녀가 영화배우로서 이룬 업적 때문이 아니다. 그녀가 영화배우의 직을 내려놓고 나서 행한 행보에 있다. 그녀는 유니세프 홍보대사로 활동하며 아프리카, 아시아, 남미 등지에서 헌신적으로 자신의 후반부 인생을 보냈다. 더구나 암에 걸린 상황에서도 그녀는 헌신을 멈추지 않았고 자신의 목숨이 다할 때까지 자신의 인생에 헌신함으로써 깊은 감동을 주었다.

앞의 말은 그녀가 죽기 전에 아들에게 했던 말로 사람답게 사는 길이 무엇인지에 대해 잘 보여준다. 그녀는 자신의 아들 또한 자신과 같은 길을 걸어가길 바라고 있다. 그것이 진정한 사람의 길이라는 것을 자신의 경험을 통해 깊이 깨달았기 때문이다.

참으로 값진 말이 아닐 수 없다. 그렇게 산다는 것은 결코 쉽지 않다. 하지만 비슷하게는 살 수 있다. 단, 그것은 자신의 선택에 달려 있다. 무엇이 되기보다는 어떻게 사느냐를 고민하고 행하는 삶, 그것이 진정한 삶인 것이다.*

062

## 여유 있는 마음의 자세

한 말짜리 그릇에는 아홉 되쯤 담는 게 좋다. 가득 채운다면 자칫 그릇을 깨게 될 것이다. 모든 일에는 어느 정도 여백을 남겨두는 것이 좋다.
－《채근담》

현대사회는 시시각각 변화가 빠르게 진행된다. 생활의 패턴도, 옷차림도, 사회적 트렌드도 시대의 흐름을 숨 가쁘게 따라간다. 그러다 보니 마음도 몸도 덩달아 숨이 가쁘다. 변화를 좇지 못하면 나만 도태되는 것은 아닐까 하는 마음이 앞서는 까닭이다. 그러다 보니 마음에 여유가 점점 없어지고, 작은 일에도 신경이 날카로워져 공격적인 성향을 드러내곤 한다.

이럴 때일수록 필요한 것이 마음에 여유를 갖는 것이다. 물론 각박하고 변화가 빠른 현대사회에서 마음의 여유를 갖기란 쉽지 않다. 마음의 여유를 갖기 위해서는 노력이 필요하다. 노력 없이 되는 것이 어디 하나라도 있는가.

그렇다면 문제는 간단하다. 무슨 일에서든 마음의 여백을 두어라. 내가 갖고 싶은 것이 100이라 할지라도 99만 갖는 것이다. 비록 1은 부족할지 몰라도 부족한 1은 마음의 강박을 줄여준다. 마음의 강박에서 벗어날 수 있다면 마음의 여유를 갖게 된다. 그런데 이를 망각하고 부족한 1을 위해 무리를 하다 보면 부작용이 발생하게 되고, 그로 인해 취했던 99를 잃게 되는 우를 범할 수도 있다.

모든 불행에는 지나침이 원인으로 작용한다. 지나친 사랑으로 인해 오히려 사랑하는 사람을 불편하게 함으로써 사랑의 상처를 입게 되고, 자녀에 대한 지나친 관심으로 자녀가 마음의 부담을 느껴 그릇되게 할 수 있다. 또한 아무리 맛있는 음식도 지나치면 건강에 해가 되어 먹지 아니함만 못하게 된다.

아무리 좋은 것도 지나치면 부족함만 못한 법이다. 모든 것은 지나침이 화근이 되는 법, 이를 조율할 수 있는 것은 마음에 여유를 갖는 것이다.

마음의 여유를 갖게 되면 아무리 좋은 것도 한 걸음 물러서서 바라보게 되고, 급박한 상황에서도 조급해하지 않고 차분히 살피는 눈을 갖게 됨으로써 조급함에서 오는 우를 막을 수 있다. 또한 아무리 화나는 일도 한 템포 생각을 멈춤으로 해서 그로 인해 발생하는 화근을 막을 수 있다.

"한 말짜리 그릇에는 아홉 되쯤 담는 게 좋다. 가득 채운다면 자칫 그릇을 깨게 될 것이다. 모든 일에는 어느 정도 여백을 남겨두는 것이 좋다. 화나는 일이 있어도 화나는 감정을 다 쏟아내지 말

것이며 비록 정당한 말이라 할지라도 칠, 팔 정도만 말하고 여운을 남겨두어라."

이는 《채근담採根譚》에 나오는 말로 마음의 여유를 갖고 살아가는 삶의 자세에 대해 잘 알게 한다.

모든 것엔 여백이 필요하다. 동양화의 묘미는 선과 여백에 있다. 특히, 여백에서 느끼는 미美는 그림의 품격을 한껏 끌어 올린다. 사람 사는 일도 세상일도 그렇다. 마음의 여유를 갖고 살게 될 때 삶을 더 사랑하게 되고, 잘 살아가게 된다. 마음의 여유는 삶의 질을 높이는 행복의 엔진이다.*

063

## 생각은 인생의 소금이다

음식을 먹기 전에 간을 먼저 보듯이 행동을 하기 전에 먼저 생각하라. - 에드워드 벌워 리튼

사람은 생각하는 동물이다. 사람이 우주 가운데 으뜸인 것은 '생각'하는 존재이기 때문이다. 생각은 창의력과 이성을 갖게 하는 근원이다. 생각을 많이 할수록 생각은 깊이를 더하게 되고, 생각이 깊어지는 만큼 창의력은 향상되고 이성의 힘은 탄탄해진다.

유인원이나 개나 돌고래처럼 지능이 뛰어난 동물들 또한 생각은 한다. 그런데 단순한 것에 대한 생각이다. 특히 먹이를 구하는 것에 대한 생각이 주를 이룬다. 이들 동물이 사람을 넘어서지 못하는 것은 생각을 깊이 있게 하지 못하는 데 있다. 즉 창의적이거나 이성적이지 못하다는 말이다.

사람의 생각은 창의력과 이성적인 것 외에도 많은 분야에 걸쳐 작동한다. 가령 무엇을 하기 전에 어떻게 하면 그것을 효과적으로 할 수 있을까를 생각한다든지, 내가 이렇게 행동했을 때 사람들은

어떤 반응을 보일까를 생각한다든지 등 사람은 어떻게 생각하고 행동하느냐에 따라 자신이 추구하는 것을 실현시키게 된다.

"조지 워싱턴 카버는 성공보다 중요한 것을 발견했다. 자신을 넘어서는 사고를 함으로써 의미를 찾아낸 것이다."

목사이자 컨설턴트이며 리더십의 달인인 존 맥스웰John Maxwell이 한 말로 사고, 즉 생각은 인생의 성공을 넘어서는 의미를 발견하게 하는 데 있다는 것을 알 수 있다.

여기서 존 맥스웰이 말하는 조지 워싱턴 카버George Washington Carver는 누구인가. 워싱턴 카버는 미국의 과학자이자 농학자이다. 그는 흑인 노예의 아들로 태어났다. 어린 시절부터 화초 등 식물에 대해 관심이 많았다. 그는 밀홀 랜드 부부를 만나 미술과 음악을 공부하고 아이오와 농과대학교에 진학하여 공부를 마치고 모교에서 연구원으로 일했다. 그는 농민들을 가르치며 그들이 자립하도록 도왔으며, 땅콩을 재배하여 땅콩버터, 인조고기, 빵, 땅콩우유, 음료를 개발하여 미국 농가 발전에 획기적으로 기여하였다. 그는 농업에 관한 한 풍부한 지식을 겸비한 자유와 평화주의자였다.

워싱턴 카버는 자신의 성공을 위해서가 아니라, 수많은 농민들에게 꿈을 심어주고 사랑을 실천한 위대한 사랑의 승리자이다. 존 맥스웰이 말했던 의미란 '농민들에게 꿈을 심어주고 사랑을 실천한' 것이다.

워싱턴 카버는 농민들을 위해 생각에 생각을 거듭하였으며, 그의 일생은 생각으로 점철되었다고 해도 과언이 아니다.

어떤 사람은 생각을 통해 의미 있는 삶을 살고, 어떤 사람은 생각 없이 하루하루를 죽이며 산다. 어떤 생각을 하느냐에 따라 그 사람의 인생은 색깔을 달리한다.

"좋은 음식이라도 소금으로 간을 맞추지 않으면 그 맛을 잃고 만다. 모든 행동도 음식과 같이 간을 맞춰야 한다. 음식을 먹기 전에 간을 먼저 보듯이 행동을 하기 전에 먼저 생각하라. 생각은 인생의 소금이다."

에드워드 벌워 리튼Edward Bulwer Lytton의 말에서 보듯 무엇을 하기 전에는 그 일에 대해 곰곰이 생각해야 한다. 생각을 어떻게 하느냐에 따라 그 일의 결과는 달리 나타나게 된다.

생각은 인생의 소금이다. 소금이 음식의 간을 맞추듯, 자신의 아름다운 인생을 위해 생각을 잘 맞춰나갈 수 있도록 해야겠다.*

064

## 삶에 진리의 열매를 남기는 사람

우리는 수목이 열매를 남기듯이 진리의 열매를 맺도록 힘써야 한다. – 앨버트 슈바이처

호사유피인사유명虎死留皮人死有名이라는 말이 있다. '호랑이는 죽어서 가죽을 남기고, 사람은 죽어서 이름을 남긴다'라는 뜻이다. 이름을 남긴다는 것은 인생을 성공적으로 살았다는 것을 뜻한다.

그렇다면 인생에 있어 성공이란 어떤 의미인가. 이는 크게 세 가지로 생각할 수 있는데 첫째는 이름을 남기는 인물이 되는 것이며, 둘째는 물질의 성공을 말하는 것이며, 셋째는 높은 자리에 오르는 것이다.

물질의 성공이나 높은 자리에 오르는 것은 개인적인 관점에서 성공이라고 할 수 있다. 하지만 이름을 남기는 인물이 되는 것은 다양한 관점에서 살펴볼 수 있다. 학문이든, 스포츠든, 정치든 자신의 분야에서 뛰어난 업적을 이루는 것이며, 마더 테레사 수녀처럼 타인을 위한 헌신적인 삶을 통해 이름을 남기는 것도 해당된다.

그렇다면 삶에 진리의 열매를 남기는 사람은 어떤 사람일까. 타인을 위해 자신을 헌신하는 사람이다. 타인을 위해 사는 사람은 물질의 욕망이나 자리의 욕망이나 명예의 욕망에는 관심을 두지 않는다. 자신의 사랑을 나눠줌으로써 삶의 보람을 느끼며 그것을 사명으로 한다.

이에 대해 앨버트 슈바이처Albert Schweitzer는 이렇게 말했다.

"나무는 해마다 같은 열매를 맺는다. 이처럼 사람들도 해마다 가치 있는 일들을 남기고자 노력하지만 누구나 그 뜻을 이루기란 매우 어렵다. 우리는 수목이 열매를 남기듯이 진리의 열매를 맺도록 힘써야 한다."

진리의 열매를 남긴 사람의 대표적인 인물 중 한 사람인 슈바이처는 목사의 아들로 태어나 어린 시절부터 가난한 아이에게 자신의 옷을 벗어줄 만큼 사랑이 많았다. 그가 그처럼 행동할 수 있었던 것은 부모로부터 듣고 보고 배운 가르침 때문이었다.

슈바이처는 다재다능하여 여러 분야에서 두각을 나타냈다. 그는 바흐 연구의 권위자로 뛰어난 오르간 연주자이자 신학박사이며, 철학자이며, 의학박사로서 자신의 삶을 얼마든지 부유하고 유유자적하며 살 수 있는 조건을 두루 갖췄다. 하지만 그는 회심을 통해 자신이 무엇을 해야 하는지에 대해 곰곰이 생각한 끝에 아프리카로 가서 평생 의료 활동을 펼치며 살았다.

물질과 명예를 던져버린 헌신적인 그의 삶은 사람의 한계를 넘어선 성인만이 할 수 있는 삶의 영역이라고 할 수 있다. 물론 슈바이처가 살았듯이 모든 사람이 살 수는 없는 일이다. 각 사람마다 그 사람이 지닌 고유한 품성과 재능이 있기 때문이다. 하지만 후원금을 낸다든지, 틈틈이 봉사활동을 한다든지 자신의 선택에 따라 얼마든지 타인을 위해 자신의 사랑을 베풀 수는 있다. 이런 삶을 산다는 것은 쉽지 않은 일이기에 그 자체만으로도 의미를 갖기에 충분하다.

그렇다. 삶에 진리의 열매를 남기는 사람이 되기 위해서는 비록 작은 일이라 할지라도 타인을 위해 자신의 사랑을 나눌 수 있어야 한다. 자신의 사랑을 나누는 사람, 그 사람이야말로 이 시대에 가장 필요한 사람이다.*

065

# 모든 불행을 물리치는 법

자신 외에는 아무도 자신의 불행을 치료해 줄 사람이 없다. 늘 마음을 평화롭게 가져야 한다. 그러면 불행이 사라질 것이다. - 블레즈 파스칼

'행복'은 인간에게 필연적인 욕망이자 자연스러운 욕망이라고 할 수 있다. 즉 인간의 존재의 목적은 '행복한 자신의 삶을 사는 것'이라고 할 수 있다. 그런 관점에서 행복은 지극히 당연한 인간의 욕망이라고 할 수 있다.

그런데 지나친 욕망으로 인해 인간은 자신의 진정한 행복을 날려버림으로써 '불행'이라는 울타리에 갇히게 된다. 인간은 불행에 갇히게 되면 자아의 상실을 경험하게 되고 그로 인해 점점 더 불행의 늪에 빠지게 된다. 불행을 이기는 힘은 곧 '행복'인 것이다. 결국 인간은 역설적이게도 불행으로부터 벗어나기 위해 행복을 추구하는 것이라고 할 수 있다.

이는 신학적 관점에서 볼 때 더욱 분명해진다. 인간은 태어날

때부터 '죄'를 지은 몸으로 태어난다는 이른바 '원죄론'이 그것이다. 인류의 조상인 아담과 이브가 하나님의 명을 거역하고 에덴동산의 선악을 알게 하는 나무의 과일을 따 먹음으로써 '죄'를 짓게 되었다.

이때부터 인간은 먹는 것, 입는 것 등 살기 위해 스스로 노력하는 수고를 해야 했으며, 아이를 낳고 아이를 기르며 살아야 했다. 또한 미움과 시기심으로 상대에게 고통을 주고, 자신 또한 상대로부터 고통을 받으며 살게 되었다. 살고 죽는 것이 유한하게 되었으며, 공을 들이지 않고 되는 것은 그 어디에도 없었다.

죄의 대가는 실로 컸으며, 죄악으로부터 벗어나기 위해 죄를 지어서는 안 된다. 죄의 삯은 사망이기 때문이다. 그래서 인간은 죄를 짓지 않기 위해서는 선을 행해야 한다. 선은 '죄'의 그늘에서 벗어나는 유일한 길이기 때문이다(물론 여기엔 신학적 관점에서 논의되어야 할 문제가 따르기에 그 문제에 대해서는 논하기를 덮기로 하겠다).

이렇게 볼 때 인간은 '불행'을 극복하기 위해, 불행해지지 않기 위해 '행복'해지기를 바라는 것이다. 불행해지지 않기 위해서는 선을 행하고, 늘 마음을 평화롭게 해야 한다. 이것이 자신을 불행으로부터 벗어나게 하는 가장 기본적인 방법이다.

이에 대해 블레즈 파스칼Blaise Pascal은 이렇게 말했다.

"불행의 원인은 늘 자신에게 있다. 몸이 굽으니 그림자도 굽는다. 어찌 그림자가 굽었다고 한탄만 할 것인가. 자신 외에는 아무도 자신의 불행을 치료해 줄 사람이 없다. 늘 마음을 평화롭게 가져야 한다. 그러면 불행이 사라질 것이다."

블레즈 파스칼은 심리학자이자 수학자이며, 신학자, 과학자로서 12세 때 삼각형의 내각이 180도라는 사실을 밝혀냈으며, 19세 때 최초의 계산기인 '파스칼라인'을 발명하였으며, 파스칼의 원리를 정립하였다. 그는 과학에 심취하여 '진공의 존재성과 유체정역학의 문제'를 연구하여 업적을 남겼으며 유명한 《팡세》, 《시골 친구에게 보내는 편지》를 남겼다.

그러나 파스칼은 신학자로서 인간의 행복한 삶을 위한 연구에도 많은 노력을 기울였다. 《팡세》와 《시골 친구에게 보내는 편지》에는 이에 대한 그의 사상이 잘 나타나 있다.

결론적으로 말해 인간은 누구나 행복해지기를 바란다. 행복해지기 위해서는 불행하지 않도록 해야 한다. 그것은 곧 선을 행하는 일이며 마음의 평화를 얻음으로써 자신이 '불행'하다는 생각을 갖지 않는 것이다.*

066

## 진정한 행복은 어디에서 오는가

다른 사람에게 친절하고 관대한 것이 마음의 평화를 유지하는 길이다. 남을 행복하게 할 수 있는 사람만이 진정한 행복을 취할 수 있다. - 플라톤

행복을 추구하는 방법은 사람마다 다 다르다. 행복이라는 본질은 같지만, 행복을 느끼는 수단은 사람에 따라 차이가 있기 때문이다. 이와 마찬가지로 철학자마다 추구하는 '행복론'은 차이가 있다. 이는 각자 생각의 차이에서 오는 것으로써 지극히 당연한 현상이다.

이런 관점에서 살펴보는 것은 '행복'이 지니는 의미를 보다 다양하고 깊고 넓게 생각해 볼 수 있는 기회가 될 것이다.

고대 그리스 철학자 플라톤Platon은 행복에 대해 이렇게 설파하였다.

"다른 사람에게 친절하고 관대한 것이 마음의 평화를 유지하는 길이다. 남을 행복하게 할 수 있는 사람만이 진정한 행복을 취할

수 있다."

플라톤이 말하는 행복은 '남을 행복하게 함으로써 얻게 되는 행복'이야말로 참 행복이라는 것이다. 플라톤의 관점에서 보면 자신만을 위한 행복 또한 행복이지만, 남을 행복하게 하는 과정에서 얻게 되는 행복은 그 크기와 깊이가 다름을 알 수 있다. 따라서 자신이 더 큰 행복을 누리기 위해서는 남을 행복하게 하기 위해 수고하는 것은 아끼지 말아야 한다.

스위스 작가인 아미엘Amiel은 행복에 대해 이렇게 말했다.

"행복이라는 관점에서 보면 인생 그 자체는 몹시 불안정하다. 끝없이 솟아오르는 욕망이 우리의 행복을 계속해서 불완전한 것으로 만들어버리기 때문이다. 의무도 마찬가지다. 의무를 다함으로써 마음이 평온해지기는 하지만 그렇다고 해서 반드시 행복해지는 것은 아니다. 그러나 자기희생의 숭고한 기쁨을 맛본 사람은 진정한 행복이 무엇인지 확실히 알게 될 것이다. 무한한 영예를 누리는 것과 더불어서 말이다."

아미엘이 말하는 행복이란 '자기희생의 숭고한 기쁨을 맛본 사람'만이 느끼게 되는 것이 진정한 행복이라는 것이다. 아미엘이 말하는 행복 또한 플라톤이 설파했던 행복의 추구와 같다고 할 수 있다.

프랑스의 철학자이자 사상가이며 고등법원 심사관을 지낸 미셀 몽테뉴Michel Montaigne는 행복에 대해 이렇게 말했다.

"사람들은 행복과 불행은 모두 운명에 달렸다고 생각한다. 그러나 실제로 운명은 우리에게 그 기회와 재료와 씨앗을 제공할 뿐이다."

몽테뉴가 추구하는 행복론은 운명에 행복과 불행이 달린 것이 아니라 역설적으로 운명이 행복과 불행의 기회를 제공한다고 말한다. 이는 행복이든 불행이든 자신이 어떻게 하느냐에 따라 결정된다는 것을 말한다. 행복하게 되고 싶다면 행복해지기 위해 노력하면 되는 것이다.

플라톤의 행복론이나 아미엘의 행복론은 남을 위해 자신을 헌신할 때 비로소 행복해질 수 있음을 말하고, 몽테뉴는 행복과 불행은 자신의 선택에 달려 있음을 말한다.

행복이란 자신만을 위할 때보다 자신과 남을 위할 때 더 커진다. 그리고 어떤 상황에서도 적극적으로 행복해지기 위해 노력할 때 더 큰 의미의 행복을 누리게 된다. 행복은 행복해지기 위해 추구하는 자에게 더 큰 행복을 선물해준다는 것을 잊지 말아야겠다.*

067

# 시작이 나쁘면 결과도 나쁘다

시작이 나쁘면 결과도 나쁘다. 중도에서 좌절하는 일들은 대개 시작이 올바르지 못했기 때문이다.
- 레오나르도 다빈치

성공적인 모든 일은 시작할 때부터 철저한 계획과 그에 따른 준비를 잘 갖췄다는 것을 알 수 있다. 그 어떤 일도 대충 준비하거나 '하다 보면 잘 되겠지'라는 생각으로 해서 된 것은 없다. 달리 말해 공을 들이지 않으면 자신이 원하는 것을 성공적으로 이룰 수 없다는 말이다.

모든 일은 처음, 가운데, 끝이라는 단계를 거치게 된다. 처음부터 끝이 성공적으로 마무리되는 것은 없다. 반드시 과정을 거쳐야 하는데 이 과정이 좋아야 결과도 좋을 수 있다. 그러나 과정이 순조롭게 잘 진행되기 위해서는 처음 시작할 때가 좋아야 한다.

이는 빌딩을 지을 때와 같은 논리다. 우선 설계도를 그리고, 설계도에 맞춰 기초공사를 튼튼히 하고 토목공사를 하고 콘크리트를 치고 철골을 세우고 중간 중간 이상이 없는지를 철저히 점검하면서 한 층 한 층 차곡차곡 쌓아 올라가야 한다. 그래야 튼튼한 빌딩을 세울 수 있다.

이처럼 처음 시작하는 때는 그것이 일이든 빌딩이든 마찬가지다. 처음 단추를 잘못 꿰면 단추 전체가 어긋나게 된다. 처음이 중요한 이유는 바로 여기에 있기에 시작이 나쁘면 결과도 나쁜 것이다.

이에 대해 〈최후의 만찬〉, 〈모나리자〉, 〈인체해부도〉, 〈자화상〉, 〈동방박사의 경배〉로 유명한 르네상스 시대의 대표적인 미술가, 과학자, 건축가, 사상가인 레오나르도 다빈치Leonardo Da Vinci는 이렇게 말했다.

"시작이 나쁘면 결과도 나쁘다. 중도에서 좌절하는 일들은 대개 시작이 올바르지 못했기 때문이다. 하지만 시작이 좋아도 중도에서 마음을 늦추면 안 된다. 충분히 생각하고 계획을 세우되 일단 계획을 세웠으면 꿋꿋이 나가야 한다."

레오나르도 다빈치의 말은 풍부한 자기 경험에서 우러나온 보석과도 같은 말이다. 그는 수학, 음악, 조각, 토목, 과학, 지리, 천문, 해부학, 건축, 발명 등 다양한 분야에 걸쳐 천재성을 발휘한 르네상스 시대의 대표적인 천재로 평가받고 있다.

그가 인류 역사상 최고의 천재로서 자신의 천재성을 다방면에서 보여주었지만, 아무리 천재라 할지라도 그처럼 한다는 것은 불가한 일이다. 그런데 그가 그렇게 할 수 있었던 데에는 그의 노력과 열정이 가해졌기 때문이다. 그는 무엇을 하든 시작할 때부터 철저하게 계획하고, 시도하였다. 그 결과 하는 일마다 좋은 결과를 낼 수 있었던 것이다.

천재성을 갖고 태어난 사람들 중에는 자신의 천재성을 피워보지도 못한 채 삶을 끝낸 이들이 많다. 그것은 자신의 천재성을 제대로 살리지 못한 결과이다. 그들 또한 다빈치처럼 처음부터 철저하게 계획을 세우고 노력에 열정을 바쳤더라면 자신의 천재성에 부끄럽지 않은 인물이 되었을 것이다.

"끝을 맺기를 처음과 같이 하면 실패가 없다."

노자老子가 한 말로 무슨 일이든 처음 시작할 때의 열정과 의지를 갖고 끝까지 하면 좋은 결과를 낼 수 있다는 의미이다.

그렇다. 시작이 좋으면 끝도 좋은 법이다. 이 평범한 진리가 헛되지 않도록 자신의 인생을 알차게 만들어야 한다.*

068

# 노력을 중단하는 것보다 더 위험한 것은 없다

노력을 중단하는 것보다 더 위험한 것은 없다. 그 것은 습관을 잃는 것이다. 좋은 습관을 버리기는 쉬워도 다시 길들이기는 어려운 일이다.

- 빅토르 위고

모든 인생은 노력 없이 되는 것은 아무것도 없다. 산다는 것은 노력과 열정을 함께 하는 것이며, 그럼으로써 삶은 꽃을 피우고 열매를 맺게 된다.

하나의 사과를 맺기 위해 사과나무는 끊임없이 뿌리로 물을 빨아올리고, 바람과 공기, 비를 맞으며 따뜻한 햇살을 통해 적당한 온도를 유지한다. 사과나무는 이런 과정을 거침으로써 가을에 탐스런 사과를 인간에게 선물한다. 하나의 사과를 맺기 위해 들이는 사과나무의 모든 과정은 인간으로 치면 노력과 열정을 바치는 일과 같다.

우주에 존재하는 모든 것은 인간이든 동물이든 식물이든 저절로 되는 것은 없다. 저마다 노력과 열정을 쏟아 부어야 먹는 것을 비롯해 바라는 것을 얻게 된다.

그런데 사람들 중엔 처음엔 노력과 열정을 기울이다가도 힘에 부치거나 어려운 일에 봉착하게 되면 중도에 포기하는 경우가 있다. 그 일은 자신의 능력으로서는 한계라고 여기기 때문인데, 이는 매우 불행한 일이 아닐 수 없다. 그것은 곧 자신의 꿈과 의지를 스스로 꺾어버리는 행위이다.

노력의 포기에 대해 프랑스의 작가이자 《레미제라블》로 유명한 빅토르 위고Victor Hugo는 다음과 같이 말했다.

"노력을 중단하는 것보다 더 위험한 것은 없다. 그것은 습관을 잃는 것이다. 좋은 습관을 버리기는 쉬워도 다시 길들이기는 어려운 일이다."

빅토르 위고의 말은 노력을 포기하는 것이 자신에게 있어 얼마나 치명적인 일이 되는지를 잘 알게 한다.

빅토르 위고는 프랑스를 대표하는 작가가 되기 위해 노력을 아끼지 않았다. 그는 시와 소설, 희곡 등에 자신의 역량을 쏟아 부었으며 1848년 프랑스혁명이 일어나 루이필리프가 왕위에서 물러나자 입헌의회의 의원이 되었다. 그리고 그가 지지한 루이 나폴레옹 보나파르트가 언론을 탄압하고 집회의 자유를 금지함은 물론 사치스러운 생활로 일관하고 국회를 해산하자 나폴레옹을 강력하게 비판했다. 그로 인해 반정부 인사로 낙인 찍혀 망명길에 올랐다. 나폴레옹은 그에게 사면령을 내렸으나 거부하고 집필에 몰두하였다.

그 후 프로이센과의 전쟁에서 프랑스가 패하고 나폴레옹의 제2의 제정이 무너지자 그는 프랑스로 돌아와 국민들의 열렬한 환영을 받았다.

빅토르 위고는 19세기 프랑스 낭만주의의 지도자이자 프랑스혁명과 공화주의자의 지도자로 평가받으며 프랑스 제3공화국은 그를 국부로 기렸다. 그가 19세기 프랑스의 국가정신과 시대정신을 구체화시키면서 국가와 문학, 시대의 중요한 인물이 될 수 있었던 것은 오직 그의 노력과 열정의 힘이었다. 그는 독재정권의 압력이나 그 어느 때에라도 노력과 열정을 포기하지 않았다. 그가 이룬 모든 결과는 포기하지 않고 끝까지 해낸 땀의 결실이었다.

"인간은 그가 노력한 만큼 그 몫을 받게 된다. 힘들이지 않는 자에게는 아무것도 주어지지 않는다. 그것이 자연의 법칙이다."

이는 호레스의 말로 노력은 정직하다는 것을 잘 알게 한다.

적게 노력한 자는 꼭 그만큼만 받고, 많이 노력한 사람은 많이 한 만큼 받게 된다. 그렇다면 문제는 간단하다. 많이 받고 싶으면 많이 노력하면 된다. 이는 불멸의 진리임을 잊지 말아야겠다.*

069

## 누구든 자신의 삶을 바꿀 수 있다

당신은 무엇이 아름답고 무엇이 추한지에 대한 믿음을 가지고 있으며 당신 자신이 마음에 들지 않으면 당신의 믿음을 바꿀 수 있으며 그러면 당신의 삶 역시 바뀔 것이다. - 돈 미겔 루이스

자신의 삶을 바꿀 수 있는 사람은 오직 자신이다. 그 누구도 자신을 바꿔주지 않는다. 다만 바꿀 수 있도록 조언하고 도움을 줄 뿐이다. 자신을 바꿀 수 있는 것은 자신의 의지이며 자신에 대한 믿음뿐이다.

그런데 사람들 중엔 자신의 믿음과 의지를 통하지 않고 자신의 삶이 변화되기를 바란다. 남의 도움을 통해서라도 자신이 뜻하는 것을 이루려고 한다. 그리고 그것을 삶의 지혜처럼 생각한다. 하지만 그것은 스스로의 믿음과 의지를 무능력하게 만드는 행위이다.

“남에게 의지하면 실망하는 수가 많다. 새는 자기의 날개로 난다. 따라서 사람도 스스로 자기 날개로 날아야 한다.”

프랑스의 철학자이자 비평가인 에르네스트 르낭Ernest Renan의 말로 남에게 의지하여 뜻을 이루려고 하는 것이 얼마나 무모한 일

이며 자신을 약화시키는 일인지를 잘 알게 한다.

자신의 인생을 변화시킨 사람들은 자신에 대한 믿음과 의지가 강한 사람들이다. 그들은 믿음과 의지로 실천에 옮긴 끝에 자신을 새롭게 바꿈으로써 자신이 원하는 것을 손에 넣을 수 있었다. 믿음과 의지를 강력하게 작동시킬 수 있는 자만이 자신의 삶을 바꿀 수 있는 것이다.

멕시코 출신의 작가이자 의사인 돈 미겔 루이스Don Miguel Ruis는 이에 대해 다음과 같이 말했다.

"당신은 당신이 믿는 모습 그대로이다. 현재의 모습 그대로인 것 말고 달리 할 일은 없다. 당신에게는 스스로 아름답다고 느끼고 그것을 즐길 권리가 있다. 당신의 몸을 존중하고 있는 그대로 받아들일 권리가 있다. 당신을 사랑해줄 그 누구도 필요치 않다. 사랑은 내부에서 생겨나는 것, 사랑은 우리 내부에 살며 항상 그곳에 있지만 벽처럼 두꺼운 안개 때문에 우리는 그것을 느끼지 못한다. 오로지 당신의 내부에 사는 아름다움을 느낄 때 당신의 외부에 사는 아름다움을 인지할 수 있을 뿐이다.

당신은 무엇이 아름답고 무엇이 추한지에 대한 믿음을 가지고 있으며 당신 자신이 마음에 들지 않으면 당신의 믿음을 바꿀 수 있으며 그러면 당신의 삶 역시 바뀔 것이다. 간단한 이야기로 들리지만 결코 쉽지 않다. 믿음을 지배하는 사람은 누구든 꿈을 지배한다. 꿈을 꾸는 사람이 마침내 꿈을 지배하면 꿈은 대단한 예술작품이 될 수 있다.”

돈 미겔 루이스의 말에서 보듯 믿음을 지배하는 사람은 누구든 꿈을 지배할 수 있다.

여기서 분명히 해야 할 것은 자신이 원하는 꿈을 이루는 것은 그 사람의 능력이 아니라는 것이다. 능력은 단지 자신의 꿈을 이루게 할 수 있는 하나의 필요한 조건일 뿐이다. 꿈을 이루게 하는 것은 믿음과 의지이다. 뛰어난 재능을 가지고도 그것을 작동시킬 수 있는 믿음과 의지가 약해 묵히고 마는 경우를 여럿 본다.

“성공의 비결은 의지의 일정불변에 있다.”

영국의 소설가인 D. H 로렌스가 한 말로, 일정불변 즉 언제나 한결같은 의지만이 성공 즉 꿈을 이룰 수 있음을 알 수 있다.

옳은 말이다. 의지는 누가 대신 해줄 수 있는 것이 아니다. 프랑스 사상가 르낭의 말처럼 스스로 자기 날개로 날아야 한다. 이는 만고불변의 진리이며 꿈을 이루는 근본이다.*

070

## 날마다 마음을 새롭게 하라

매일 면도를 하는 것처럼 우리의 마음도 매일 다듬어야 한다. - 마르틴 루터

지금보다 나은 내일의 내가 되기 위해서는 매일 마음을 새롭게 해야 한다. 사회도 변하고, 제도도 변하고, 삶의 질도 변하는데 낡은 마음으로는 새로운 내일의 내가 될 수 없다.

마음을 새롭게 하기 위해서는 날마다 세수를 하듯 그날그날 있었던 일을 돌이켜보는 시간을 가져야 한다. 잘한 일은 무엇인지, 잘못한 일은 무엇인지를 살펴봄으로써 잘한 일은 더 잘하는 방향으로, 못한 일은 반성을 통해 잘할 수 있도록 해야 한다. 이런 과정을 거치지 않고 매일 같은 일을 습관적으로 반복한다면 달라지는 것은 없다. 달라지는 것은 고사하고 퇴보를 면치 못한다.

독일의 가톨릭 수사이자 신학교수이며 종교개혁가인 마르틴 루터Martin Luther는 마음을 새롭게 하기 위해서는 다음과 같이 하라고 조언한다.

"매일 면도를 하는 것처럼 우리의 마음도 매일 다듬어야 한다. 어제 세운 뜻은 오늘 새롭게 되지 않는다. 그 뜻은 곧 우리를 떠나고 만다. 그러므로 어제의 좋은 뜻은 날마다 마음속에 새기고 되씹어야 한다."

마르틴 루터의 말은 누구나 다 아는 보편적인 말 같지만 참 진리라고 할 수 있다. 알아도 실행하지 않는 것은 모르는 것만 못하다. 하지만 실행으로 옮긴다면 새롭게 변화됨으로써 참 진리라는 것을 스스로에게 각인시키게 되기 때문이다.

마르틴 루터는 1483년 광산업을 하는 아버지 한스 루터와 어머니 마가레테 린데만 사이에서 태어났다. 그의 아버지는 교회의 부패를 비판하는 양심적인 신앙인이었다. 루터는 아버지의 신심을 본받고 자라났다. 그의 아버지는 루터가 법률가가 되기를 바랐다. 루터는 에르푸르트대학을 마치고 문학석사 학위를 받았다. 그리고 아버지의 뜻에 따라 법률 공부를 시작하였다.

그러던 어느 날 에르푸르트로 가는 길에 벼락이 떨어졌지만 살아남으로써 그는 신부가 되겠다고 소리쳤다. 그 후 아버지의 반대에도 불구하고 수사 신부가 되었다. 그리고 그는 신학교수가 되었다. 그런데 그의 인생에 변화가 일어나는 일이 발생하였다.

중세사회의 봉건제도와 길드, 장원경제가 무너지면서 자본주의로 급격히 변화하자 교회 또한 급변화하기 시작했다. 그런 과정에서 성직을 판매하고 면죄부를 판매하는 등의 부패가 만연하자 마르틴 루터는 95개조의 반박문을 작성하여 1517년 비텐베르크 대학 교회 문 앞에 붙여 교황청을 비판하였다.

그 일로 인해 교황청은 물론 신성로마제국의 카를 5세 황제로부터 비판을 철회하라는 요구를 받았으나 거절하였다. 결국 그는 파문을 당했다. 그는 사형의 위기에 처했으나 독일의 왕자와 지지자들로 인해 사면을 받고, 은거하면서 라틴어로 된 신약성경을 독일어로 번역하였다.

마르틴 루터는 부패한 교회를 새롭게 변화시키기 위해 날마다 자신을 새롭게 하는 데 힘썼다. 그리고 그는 자신의 뜻을 따르는 사람들을 중심으로 루터파를 조직하여 새로운 교회제도를 수립하기 위해 노력하였으며 오늘날의 개신교가 탄생되는 데 빛과 소금이 되었다.

자신을 새롭게 한다는 것은 마음을 새롭게 바꿔야만 할 수 있다. 따라서 지금보다 나은 내일의 내가 되기 위해서는 매일 자신의 마음을 새롭게 해야 한다.*

To you wavering in the face of life's hardships

CHAPTER 8

# 자신의 배를
# 빈 배로 만들 수 있다면

071

## 아름다운 그림은 어떻게 탄생하는가

> 여러분은 그림을 그릴 때 가끔 아름다운 것을 발견할 것이다. 그러나 그것을 지워버리고 몇 번이고 다시 그려야 한다. 지우는 일은 모양을 바꾸고 더 보태서 아름다움을 완성해나가는 과정이다.
>
> \- 파블로 피카소

하나의 작품이 탄생하기 위해서는 많은 노력이 필요하다. 소설이든 조각이든 그림이든 뮤지컬이든 음악이든 연극이든 그 어떤 작품이라 할지라도 대충 해서 잘되는 것은 없다. 작가의 상상력과 창의력 등 자신의 모든 것을 쏟아 부어야만 한다.

독자나 관객은 작가의 땀과 열정으로 탄생된 작품을 읽고 보고 들으면서 위안을 받고 영감을 얻음으로써 자신을 유익하게 한다.

이에 대해 입체파의 선구자이며 20세기 최고의 화가인 파블로 피카소Pablo Ruiz Picasso는 이렇게 말했다.

"여러분은 그림을 그릴 때 가끔 아름다운 것을 발견할 것이다. 그러나 그것을 지워버리고 몇 번이고 다시 그려야 한다. 지우는 일은 모양을 바꾸고 더 보태서 아름다움을 완성해나가는 과정이다."

피카소의 말은 하나의 그림이 탄생하는 데 들이는 수고와 공을 잘 알게 한다.

피카소는 1881년 스페인 말라가에서 미술교사인 아버지의 미술적 재능을 갖고 태어났다. 그는 아버지가 그림 작업을 할 때면, 항상 그 모습을 눈이 빠지게 바라보았다. 그만큼 그의 진지함은 엄숙하고 조숙했다.

피카소가 14세 때 바르셀로나로 이사를 하였는데, 이때부터 미술학교에 들어가 본격적인 미술을 공부하였다. 그는 그림 공부를 하면서 새로운 미술세계에 대단히 관심이 많았다. 그 당시 바르셀로나에 들어와 있던 프랑스와 북유럽의 미술 화풍에 많은 자극을 받았는데, 특히 르누아르와 툴루즈 로트레크, 뭉크 등의 화법에 매료되어 그를 습득하는 데 온 열정을 다 기울였다.

피카소는 미술을 보다 깊이 체계적으로 배우기 위해 마드리드 왕립미술학교에서 공부했다. 그리고 바르셀로나에서 첫 개인전을 열었다. 1900년에 처음으로 예술의 중심인 프랑스 파리로 갔다. 파리의 방문은 그의 미술에 대한 열정을 한층 증폭시켰다. 그는 몽마르트를 중심으로 자유롭게 작품 활동을 하는, 젊은 보헤미안의 세계에 들어가 자신의 미술세계를 펼쳐나갔다. 그는 고갱과 고흐의 영향도 많이 받았는데, 청색이 주조를 이루는 이른바 '청색시대'로 들어가 그림 작업에 몰두하였다.

피카소는 청색 색조에서 도색 색조로 작품 성향을 바꾸면서, 중세 조각이나 화가 고야가 지니는 단순화와 엄격성에 몰두하게 되었다. 그리고 1905년 아폴리네르와 교류하고 1906년에는 정물화의 대가 마티스와 교류를 가지면서 공부하였다. 하지만 그의 그림은 세잔의 화풍을 따라 점점 단순화되었고, 1907년 그의 최대의 작품으로 평가받는 〈아비뇽의 처녀들〉에 이르러서는 아프리카 흑인 조각의 영향을 많이 나타내고, 어떤 형태에 대한 분석이 구체화되기 시작했다.

피카소는 브라크를 만나 본격적인 입체파 운동을 벌이며, 1909년에는 '분석적 입체파'를 그리고 1912년에는 '종합적 입체파' 시대에 들어갔다. 그러는 동안 피카소는 이미 20세기 회화의 최고 거장이 되었다. 그의 미술 활동은 다양하게 시도되었는데 1915년엔 〈볼라르상〉과 같은 사실적인 초상을 그리고, 1920년부터는 〈세악사〉 등의 신고전주의를, 1925년에는 제1회 쉬르레알리스즘전에 참가하였다. 또한 투우도 그리고 판화도 했으며, 전쟁의 비극과 잔학상을 그린 대벽화 〈게르니카〉를 그렸다. 그리고 이때 그만의 표현주의로 불리는 기이한 표현법도 나타났다.

피카소의 다양한 예술적 변신은 한 곳에 머무르지 않고 지속적으로 시도되었는데, 그 분야를 살펴보면 도자기를 굽고, 석판화도 제작했으며, 6·25전쟁을 테마로 한 〈한국에서의 학살〉과 〈전쟁과 평화〉 등의 대작을 제작하여 현대미술의 리더로서 자신의 실력을 유감없이 보여주었다.

피카소가 많은 화풍의 화가들을 제치고 20세기 최고의 화가로 자리매김한 것은, 끊이지 않은 다양한 창조적 예술 행위 그리고 새로운 변신을 시도할 때마다 그만의 개성을 유감없이 보여주었기 때문이다.

하나의 그림이 작품으로 탄생하는 데 많은 수고가 따르듯, 자신의 인생을 완성시키기 위해서는 자신에게 열과 성의를 다 바쳐야 한다. 그런 노력 없이 자신의 인생을 완성시킨다는 것은 요행과 다름없다.

값진 인생은 그만한 대가를 치러야 주어지는 인생의 고귀한 선물인 것이다.*

072

## 유능한 리더가 된다는 것

유능한 리더는 사랑받고 칭찬받는 사람이 아니다. 그는 그를 따르는 사람들이 올바른 일을 하도록 하는 사람이다. 리더십은 인기가 아니라 성과이다. - 피터 드러커

리더는 많지만 뛰어나고 유능한 리더가 된다는 것은 쉽지 않다. 리더란 단지 능력만으로 되는 것은 아니기 때문이다. 유능한 리더가 되기 위해서는 성격적으로 타고나야 하지만, 노력으로 얼마든지 리더의 품격을 갖출 수 있다.

개성이 각기 다른 모든 사람을 품을 수 있는 리더가 갖춰야 할 7가지 조건에는 어떤 것이 있을까?

첫째, 덕을 갖춰야 한다. 덕이란 '도덕적, 윤리적 이상실현을 위한 사려 깊고 어진 성품'을 말한다.

둘째, 조직을 사로잡을 수 있는 카리스마를 갖춰야 한다. 카리스마가 없으면 아무리 덕이 있고 뛰어난 통찰력과 리더의 조건을 갖추었다고 하더라도 뛰어난 리더가 될 수 없다.

셋째, 깊이 있는 통찰력을 갖춰야 한다. 통찰력이란 '사물을 꿰

뚫어 보는 능력'을 말한다.

넷째, 설득력을 갖춰야 한다. 리더는 조직의 수장으로서 설득력이 좋아야 어떤 현안이나 문제에 대해 조직을 설득함으로써 좋은 결과를 도출해 낼 수 있다.

다섯째, 지식을 갖춰야 한다. 리더가 지식이 뛰어나면 문제를 풀어가는 데 매우 효과적이다. 많이 아는 것은 그만큼 리더의 역량을 돋보이게 한다.

여섯째, 감성을 갖춰야 한다. 리더가 감성이 뛰어나야 조직원과 공감대를 형성하는 데 매우 유리하다. 마음과 마음이 통하면 어떤 난제도 함께 풀어갈 수 있다. 감성을 갖춘 리더를 필요로 하는 시대인 만큼 감성은 반드시 갖추는 것이 좋다.

일곱째, 유머를 갖춰야 한다. 유머는 상대와 만남을 부드럽고 화기애애하게 만들어줌으로써 경직되고 어색한 분위기를 없애준다. 유머가 있는 사람이 사람과의 관계에서 더 잘 융화되는 것은 어색함으로부터 자유로울 수 있기 때문이다.

오스트리아 출신의 미국인 작가이자 경영학자이며, 현대경영학의 아버지로 불리는 피터 드러커Peter Drucker는 유능한 리더에 대해 다음과 같이 말했다.

"유능한 리더는 사랑받고 칭찬받는 사람이 아니다. 그는 그를 따르는 사람들이 올바른 일을 하도록 하는 사람이다. 리더십은 인기가 아니라 성과이다."

피터 드러커의 말에서 보듯 유능한 리더란 아랫사람들로부터 사랑받고 칭찬받는 존재가 아니라 자신을 따르는 사람들이 올바르게 일을 하게 만드는 사람이라는 것을 알 수 있다. 피터 드러커가 말하는 아랫사람들이 잘 따르는 유능한 리더가 되기 위해서는 반드시 '유능한 리더의 7가지 조건'을 갖춰야 한다. 그랬을 때 품격 있는 리더가 될 수 있다.*

073

## 자신의 배를 빈 배로 만들 수 있다면

세상의 강을 건너는 그대 자신의 배를 빈 배로 만들 수 있다면 아무도 그대와 맞서지 않을 것이다. 아무도 그대를 상처 입히려 하지 않을 것이다.

– 장자

'마음을 비우다'라는 말이 있다. 이는 '욕망을 내려놓는다'라는 말이다. 물질의 욕망, 자리에 대한 욕망, 명예에 대한 욕망 등 욕망이란 인간이면 누구에게나 있는 기본적인 품성이다.

그런데 욕망이란 말이 주는 부정적인 의미는 지나친 욕망에 의해서다. 지나친 욕망에 사로잡히면 이성을 망각하게 된다. 그러다 보니 욕망에 대해 통제가 불가능하다. 그런 까닭에 지나친 욕망에 사로잡힌 사람들이 문제를 일으킴으로써 사회적으로 물의를 빚는 것이다.

하지만 지나치지 않은 욕망은 반드시 필요하다. 보편적인 욕망은 자신이 이루고 싶은 것을 이루게 하는 데 힘이 되어준다. 보편적인 욕망은 나태함을 막아주고, 정신력이 해이해지지 않도록 마음을 다잡아준다.

앞에서 말한 '마음을 비우다'라는 말은 보편적인 욕망을 내려놓으라는 것이 아니라 지나친 욕망을 내려놓음을 의미한다.

"한 사람이 배를 타고 강을 건너다가 빈 배가 그의 배와 부딪치면 그가 아무리 성질이 나쁜 사람일지라도 그는 화를 내지 않을 것이다. 왜냐하면 그 배는 빈 배니까. 그러나 배 안에 사람이 있으면 그는 그 사람에게 피하라고 소리칠 것이다. 그래도 듣지 못하면 그는 다시 소리칠 것이다. 그리고 욕을 퍼부을 것이다. 이 모든 일은 그 배 안에 누군가 있기 때문에 일어난다. 그러나 그 배가 비어 있다면 그는 소리치지 않고 화내지 않을 것이다. 세상의 강을 건너는 그대 자신의 배를 빈 배로 만들 수 있다면 아무도 그대와 맞서지 않을 것이다. 아무도 그대를 상처 입히려 하지 않을 것이다."

이는 장자莊子가 한 말로 자신의 배를 빈 배로 만들라고 말하며, 배 안에 사람이 있으면 상대는 화를 낼 것이라고 말한다. 여기서 배 안에 사람은 '욕망'을 말하는데 그것도 '지나친 욕망'을 의미한다. 지나친 욕망을 품고 있으면 사람들과 경쟁하게 되고 경쟁자로부터 심한 경계를 받게 된다. 그러는 과정에서 해를 입기도 하고 마음에 깊은 상처를 받게 된다. 그런데 배 안에 사람이 없으면(지나친 욕망을 품지 않으면) 상대(경쟁자)는 화를 내거나 욕을 하지 않는다고 말한다.

장자가 말하는 배를 비우라는 말은 즉 '자신을 비우라'는 말이며, '지나친 욕망을 비우라'는 말이다.

참으로 명쾌한 진리가 아닐 수 없다. 여기서 한 가지 분명히 할 것은 '욕망'을 갖되 지나치지 않으면 된다는 것이다. 무엇이든지 항상 지나친 것이 문제인 것이다.*

074

# 인색한 것은 악을 행하는 것과 같다

인색한 사람은 타인의 소유물까지 자기 것으로 만들고 싶어 한다. 자기 이익만 챙기면 그만인 것이다. 그러므로 자기 이익을 위해서는 타인에게 피해를 주는 것도 개의치 않는다. 그러나 이런 행위는 타인뿐만 아니라 자기 자신에게도 악을 행하는 것과 같다. - 소크라테스

인색한 사람을 일러 '바늘로 찔러도 피 한 방울 안 나올 인간'이라고 한다. 그래서 인색한 사람을 인간미가 없다고 말한다.

우리나라의 고전 〈흥부전〉의 놀부는 인색한 인간의 대명사이다. 그는 부모로부터 물려받은 동생 흥부의 몫까지 빼앗아 제 것으로 삼은 욕심덩어리이다. 심성이 착한 흥부는 자기의 재산을 가로챈 형을 원망하거나 불평하지 않는다. 보편적 관점에 볼 때 흥부는 멍청이가 분명하다. 제 것을 빼앗기고도 돌려달라는 말도 못한다는 것이 그것을 잘 말해준다.

하지만 흥부는 심성이 곱다. 그는 제비 다리를 고쳐줌으로써 큰 부자가 되고, 형 놀부는 제비 다리를 부러뜨리고 알거지가 된다. 여기서 중요한 것은 흥부는 자신을 업신여기고 조롱한 놀부에게 보복을 하기 위해 앙갚음을 하지 않았다는 데 있다. 그것은 곧 흥

부는 인색한 사람이 아니라는 것을 말한다. 인색한 놀부는 망했지만, 인색하지 않은 흥부는 복을 받았다. 인색하지 않다는 것은 '선'을 말함과도 같다.

서양 고전의 대표적인 수전노는 찰스 디킨스의 소설《크리스마스 캐럴》의 스크루지이다. 스크루지의 인색함 또한 놀부 못지않다. 그는 많은 재물을 쌓아두고도 남을 도울 줄도 모른다. 오직 그에겐 돈만이 전부이다.

그러나 크리스마스이브 밤, 쇠사슬에 묶인 동업자 밀리의 유령이 나타나 곧 크리스마스 유령이 그를 찾아올 거라고 말한다. 그리고 다른 삶을 살라고 충고한다. 밤 12시가 되자 미래의 크리스마스 유령이 나타나 스크루지를 데리고 여행을 떠난다. 과거의 유령은 가난했지만 순수했던 젊은 시절의 스크루지의 모습을 보여주고, 현재의 유령은 지금 이 순간 세상 곳곳마다 사람들이 얼마나 행복하게 크리스마스를 보내는지를 보여준다. 그리고 마지막 미래의 유령은 스크루지가 죽은 뒤 아무도 슬퍼하는 사람이 없는 비참한 모습을 보여준다. 크리스마스 날 아침에 깨어난 스크루지는 참되게 살기로 참회함으로써 새로운 사람이 된다.

스크루지는 인색함으로 인간이 누려야 할 행복, 사랑, 즐거움을 잊고 살았다. 그러나 그는 인색함에서 벗어나자 기쁨이 무엇이며 행복이 무엇인지를 알게 된다.

인색함은 인간성을 말살시킨다. 자신은 물론 타인들의 삶까지도 망하게 하는 무서운 독과 같다.

이에 대해 고대 그리스 철학자 소크라테스Socrates는 이렇게 말했다.

"인색한 사람은 타인의 소유물까지 자기 것으로 만들고 싶어 한다. 자기 이익만 챙기면 그만인 것이다. 그러므로 자기 이익을 위해서는 타인에게 피해를 주는 것도 개의치 않는다. 그러나 이런 행위는 타인뿐만 아니라 자기 자신에게도 악을 행하는 것과 같다. 그야말로 자기 집과 몸, 정신까지도 멸망시키는 가장 무서운 행위인 것이다."

소크라테스의 말에서도 알 수 있듯 인색함은 반드시 버려야 한다. 인색함은 악을 행하는 것과 같기 때문이다. 사람은 인색함을 버림으로써 선을 품게 되고, 새로운 인생으로 거듭나 인생을 행복하게 살아가게 된다.*

075

## 좋은 습관은 참 좋은 인생의 자산이다

운명은 그 사람의 성격에서 만들어지고 성격은 일상생활의 습관에서 만들어진다. - 르네 데카르트

'그 사람의 인생을 결정짓는 것은 습관에 달려 있다'는 말이 있다. 이는 습관이 한 사람의 인생에 미치는 영향이 얼마나 크게 작용하는지를 잘 알게 한다.

습관에는 좋은 습관과 나쁜 습관이 있다. 좋은 습관은 소중한 자산과도 같다. 좋은 습관은 한 사람의 인생이 잘 되도록 돕는다. 성공한 사람들의 여러 공통점 중에도 좋은 습관은 가장 뛰어난 성공의 조건이라고 할 수 있다.

하지만 아무리 뛰어난 머리와 재능을 지녔다 해도 습관이 나쁘면 성공할 수가 없다. 나쁜 습관은 뛰어난 머리와 재능을 망가뜨리는 적과 같기 때문이다.

좋은 습관이 한 사람의 인생에 미치는 영향에 대해 프랑스 수학

자이자 과학자이며 서양근대철학의 아버지로 불리는 르네 데카르트René Descartes는 다음과 같이 말했다.

"운명은 그 사람의 성격에서 만들어지고 성격은 일상생활의 습관에서 만들어진다. 오늘 하루 좋은 행동의 씨를 뿌려서 좋은 습관을 거두어들여라. 좋은 습관으로 성격을 다스리는 날부터 운명은 새로운 문을 열 것이다."

데카르트의 말을 보면 그 사람의 타고난 성격보다도 좋은 습관이 그 사람의 운명을 결정짓는다는 것을 알 수 있다. 성격이 선천적인 것이라면 습관은 후천적이라고 할 수 있다. 그러니까 좋은 습관은 노력에 의해 만들어진다고 하겠다.

좋은 습관을 들이기 위해서는 7가지를 꾸준히 반복해야 한다.

첫째, 매사에 규칙적으로 행해야 한다. 규칙적인 습관이 몸에 배게 되면 몸이 센서가 되어 작동함으로써 규칙적으로 행동하게 한다.

둘째, 운동하는 습관을 들여야 한다. 몸이 건강해야 무슨 일이든 잘할 수 있다. 체력이 받쳐주지 않으면 아무리 뛰어난 능력을 지녔다 해도 자신이 원하는 것을 제대로 해낼 수 없다.

셋째, 독서하는 습관을 들여야 한다. 독서는 지식과 교양을 기르는 중요한 수단이다. 독서의 양에 따라 그 사람의 지적 수준은 결정된다. 독서는 정신적인 삶을 풍요롭게 하는 인생의 필수 비타민이다.

넷째, 책임을 다하는 습관을 들여야 한다. 책임감이 강한 사람은 자신에게 주어진 일에 최선을 다한다. 그래서 책임감이 강한 사람이 성공할 확률이 높고 사람들로부터 인정받는다.

다섯째, 약속을 지키는 습관을 들여야 한다. 약속을 잘 지키는 사람은 사람들에게 믿음과 신의를 줌으로써 사람들은 의심치 않고 그를 믿어준다. 약속은 신뢰의 보증수표라고 할 수 있다.

여섯째, 절제하는 습관을 가져야 한다. 모든 것이 지나치면 화가 되는 법이다. 먹는 것, 쓰는 것 등 도를 넘지 않도록 해야 뒤탈이 없다.

일곱째, 인내하는 습관을 길러야 한다. 같은 일을 하더라도 인내심이 강한 사람이 잘 될 확률이 높다. 인내는 끝까지 하는 힘을 갖게 하기 때문이다.

좋은 습관을 들이기 위한 7가지를 몸에 배게 하기 위해서는 꾸준히 반복하고 실천해야 한다. 좋은 습관은 참 좋은 인생의 자산이다.*

076

## 마음에서 얻는 만족

마음속에 만족을 얻지 않으면 행복을 얻을 수 없다.
- 호라티우스

사람을 행복하게 하는 것은 여러 가지로 함축해 볼 수 있다.

첫째, 자신의 원하는 것을 이루었을 때 둘째, 사랑하는 사람과 함께할 때 셋째, 물질의 풍요를 누릴 때 넷째, 명예를 얻었을 때 다섯째, 높은 자리에 올랐을 때 등이다.

사람들은 대개 눈에 보이는 행복이 전부인 것처럼 여기는 경향이 있다. 눈에 보인다는 것은 다른 사람에게 자신을 보여줄 수 있는 외적인 것으로 큰 만족감을 갖게 하기 때문이다. 하지만 진정한 행복은 마음으로부터 우러나와야 한다. 아무리 외적인 행복의 조건을 갖췄다 할지라도 마음으로부터 행복하지 않으면 진정한 행복을 느낄 수 없다.

이에 대해 고대 로마 시인 호라티우스Horatius는 이렇게 말했다.

"사람들은 행복을 찾아 세상을 헤맨다. 그런데 행복은 누구의 손에든지 잡힐 만한 곳에 있다. 그러나 마음속에 만족을 얻지 않으면 행복을 얻을 수 없다.”

호라티우스의 말은 진정한 행복은 마음으로부터 얻는 것이라는 것을 잘 알게 한다.

그렇다면 마음으로부터 행복을 얻기 위해서는 어떻게 해야 할까. 이에 대해 프랑스의 작가이자 비평가인 아나톨 프랑스Anatole France는 다음과 같이 말했다.

“이 세상의 참다운 행복은 남에게서 받는 것이 아니라 내가 남에게 주는 것이다. 그것은 물질적인 것이든 정신적인 것이든 인간에게 있어서 가장 아름다운 행동이기도 한 것이다.”

아나톨 프랑스의 말을 보면 자신만의 행복을 위한 것보다는 다른 사람들을 행복하게 했을 때 자신의 행복 또한 더 커진다는 것을 알 수 있다.

남에게 주는 사랑이나 행복은 인간적인 계산법에 의하면 손해처럼 보인다. 하지만 그 반대다. 행복은 내가 남에게 줄 때 그래서 상대가 기뻐하고 행복해할 때 더 크게 다가온다. 즉 하나를 주면 하나를 잃는 것이 아니라, 둘이 되고 셋이 되어 나에게 돌아온다는 말이다. 이것이 참된 행복 계산법이자 법칙이다.

이는 남을 위해 평생을 헌신하는 사람들을 보면 알 수 있다. 그들은 보편적 관점에서 볼 때 마이너스적인 인생을 사는 것처럼 보인다. 그런데도 그들은 어떤 상황에서도 흔들림 없이 자신의 일을 즐겁게 행한다.

청마 유치환 또한 자신의 시 〈행복〉에서 말하기를 "사랑은 받을 때보다 줄 때 더 행복하다"고 했다.

누구나 한 번쯤은 경험해 보았을 것이다. 누군가로부터 사랑을 받고 선물을 받을 때처럼 남에게 사랑을 주고 선물을 줄 때 자신 또한 행복했던 기억이 있음을.

그렇다면 왜 남에게 사랑을 주고 행복을 베풀 때 더 행복함을 느끼는 걸까. 그것은 마음으로부터 행복을 얻기 때문이다. 마음이 행복한 것이 진정한 행복이며, 겉으로 보여지는 것은 진정한 행복이 아니다. 겉으로 보이는 외적인 행복은 그것이 사라지는 순간 행복 또한 사라지고 만다. 행복한 삶을 살고 싶다면 마음으로부터 꾸준히 행복을 얻도록 해야 한다.*

077

## 현자賢者와 어리석은 자

현자는 낮은 자리에 있으면서 운명에 순종한다. 그러나 어리석은 자는 지상에서 행복을 찾으려다 종종 위험에 빠진다. 활이 과녁을 맞히지 못하면 궁수는 자신을 탓하지 남을 탓하지 않는다. 현자도 그처럼 처신한다. - 공자

대개의 사람들이 현자賢者가 되지 못하는 것은 자신을 극복하지 못하는 제한된 삶을 살기 때문이다. 현자가 되기 위해서는 자신을 넘어서야 한다. 자신에게 엄중하고 타인에게 관대해야 하고, 자신의 잘못을 덮지 않으며 인정하고 자신을 깊이 살필 수 있어야 한다.

또한 자신에게 주어진 것에 대해 그것이 좋은 것이든 맘에 들지 않는 것이든 불평 없이 받아들여 좋게 개선해 나가야 한다. 즉, 현자는 운명을 탓하지 않는다. 운명을 탓하는 것은 소인배들이나 하는 짓이며 어리석은 일이라는 것을 잘 알기 때문이다.

그리고 현자는 남을 탓하고 비난하지 않는다. 남을 탓하고 비난하는 것은 스스로를 부끄럽게 하는 치졸하고 비겁한 행위라고 생각한다. 그런 까닭에 현자는 관대하다.

반면 어리석은 자는 자신의 한계에 갇혀 징징대고 모든 것을 남

의 탓으로 돌린다. 그리고 남을 비난하고 없는 말도 만들어 유포시킨다. 치졸하고 비겁한 일도 아무렇지 않게 행한다. 부끄러움을 모르는 행위는 스스로를 어둠에 갇히게 한다는 것을 모르는 까닭이다.

또 어리석은 자는 운명을 탓하고 자신을 재수 없는 인생이라며 한탄한다. 그래서 매사에 불평과 불만이 많다. 또한 자신에게는 관대하지만 타인에게는 거칠고 야박하게 군다.

현자와 어리석은 자에 대해 공자孔子는 이렇게 말했다.

"현자는 자기 자신에게 엄격하지만 남들한테는 아무것도 요구하지 않는다. 그는 언제나 자신의 처지에 만족하며 자신의 운명에 대해 하늘을 원망하거나 남들을 비난하지 않는다. 그는 낮은 자리에 있으면서 운명에 순종한다. 그러나 어리석은 자는 지상에서 행복을 찾으려다 종종 위험에 빠진다. 활이 과녁을 맞히지 못하면 궁수는 자신을 탓하지 남을 탓하지 않는다. 현자도 그처럼 처신한다."

공자의 말에서 보듯, 현자와 어리석은 자의 경계는 매우 뚜렷하다.

그렇다면 왜 이를 알고도 현자가 되지 못하는 걸까. 그것은 현자의 도리를 행한다는 것이 쉽지 않기 때문이다.

현자가 되기 위해서는 어떻게 해야 할까?

첫째, 어떤 상황에서도 자신을 인내하고 견뎌낼 수 있어야 한다.

둘째, 마음을 다스리는 일에 능통해야 한다.

셋째, 공적인 것을 사사로이 취하지 말아야 한다.

넷째, 배우고 익히는 데 열심을 다해야 한다.

다섯째, 운명을 믿지 않으며 모든 어려움을 의지로 극복해 낼 수 있어야 한다.

여섯째, 남에게 의미 있는 일을 통해 자신의 행복을 추구할 수 있어야 한다.

일곱째, 스스로에게 부끄러움이 없어야 한다.

현자가 되기 위한 7가지처럼 누구나 이를 행할 수 있다면 현자로서 인정받게 됨으로써 자신의 인생을 최고로 살아가게 될 것이다.*

078

## 사랑하는 자의 첫째 조건

사랑을 하는 자의 첫째 조건은 마음이 순결해야 한다.
- 앙드레 지드

사랑에 있어 순결한 마음은 매우 중요하다. 물론 순결한 마음으로만 사랑을 하는 것은 아니다. 행복한 사랑은 정신적, 육체적으로 만족해야 한다. 이중 어느 하나라도 만족하지 못하면 진정으로 행복한 사랑을 한다고 말할 수 없다.

그런데 마음이 순결해야 한다는 것은 무엇을 의미하는 걸까. 이는 육체적인 사랑을 떠나 정신적인 사랑을 하라는 것은 아니다. 마음의 순결은 사랑하는 이에게 사랑의 상처를 주는 행위를 해서는 안 된다는 것을 뜻한다.

사랑하는 이의 인격을 존중하고, 사랑하는 이를 무시하는 그 어떤 행위도 해서는 안 된다. 또한 사랑하는 이의 의견을 존중해주고 그가 원하는 것이라면 진정성을 갖고 들어주는 자세를 가져야 한다. 이런 마음자세는 마음이 순결해야 할 수 있는 행위이다.

그러나 마음이 순결하지 못하면 사랑하는 이를 함부로 대하게 되고, 사랑하는 이의 의견을 무시하는 행동도 서슴지 않는다. 진정성이 떨어지고, 매사가 자기 주관적이다. 이런 상황에서는 진실한 사랑을 할 수 없다. 진실한 사랑은 진정성이 있어야 하고, 진정성은 마음이 순결해야 한다. 마음이 순결해야 하는 이유가 여기에 있는 것이다.

이에 대해 프랑스의 소설가이자 비평가인 앙드레 지드Andre Gide는 이렇게 말했다.

"사랑을 하는 자의 첫째 조건은 마음이 순결해야 한다. 상대방의 인격을 존중하지 않고는 진실한 사랑이라고 할 수 없다. 또한 그 마음과 뜻이 흔들림이 없어야 한다. 신의 앞에서도 부끄러움이 없고 동요함이 없어야 한다. 그리고 담대함과 용기를 지녀야 한다."

앙드레 지드의 말처럼 마음의 순결성을 갖는다는 것은 매우 중요하다. 신의가 있어야 사랑하는 이에게 믿음을 줄 수 있고, 담대하고 용기가 있어야 그 어떤 어려움 속에서도 사랑하는 자를 지켜낼 수 있다.

마음을 순결하게 하기 위해서는 어떻게 해야 할까?

첫째, 늘 자신을 살펴 잘못된 것은 바르게 고침으로써 늘 몸과 마음을 깨끗하게 해야 한다. 몸과 마음이 깨끗하면 나쁜 생각이 들어올 자리를 내어주지 않는다.

둘째, 생각이 맑고 반듯해야 한다. 생각을 어떻게 하느냐에 따라 말하고 행동하게 된다. 생각이 맑고 반듯하면 말과 행동 또한 바르게 하게 된다.

셋째, 날마다 기도와 묵상을 통해 마음을 다스려야 한다. 마음을 스스로 통제하게 되면 그 어떤 유혹에도 넘어가지 않으므로 마음을 더럽히지 않게 된다.

사랑하는 자의 첫째 조건으로 마음이 순결해야 한다는 앙드레 지드의 말처럼, 진실한 사랑을 하기 위해서는 마음을 순결하게 하고 스스로에게 부끄러움이 없어야 한다. 그래서 진실한 사랑은 누구에게나 감동을 주고 아름다운 사랑을 하게 하는 것이다.*

079

# 자신이 원하는 대로 먼저 행동하라

밝은 사람이 되려면 먼저 밝은 사람처럼 행동해야 한다.
- 윌리엄 제임스

자신이 원하는 대로 행동하면 원하는 대로 된다는 말이 있다. 행동은 생각의 지배를 받기 때문이다. 원하는 것은 곧 생각에서 나오는 것으로써 생각이 시키는 것을 뜻한다.

용기 있는 사람이 되기 위해서는 용기 있게 행동하면 되고, 착한 사람이 되기 위해서는 착하게 행동하면 되고, 밝은 사람이 되기 위해서는 밝게 행동하면 되고, 담대한 사람이 되기 위해서는 담대하게 행동하면 되고, 의리 있는 사람이 되기 위해서는 의리 있게 행동하면 되고, 순수한 사람이 되기 위해서는 순수하게 행동하면 되고, 겸손한 사람이 되기 위해서는 겸손하게 행동하면 되고, 예절 바른 사람이 되기 위해서는 예절 바르게 말하고 행동하면 된다.

자신이 하는 모든 말과 행동은 생각의 지배를 받는다.

미국의 심리학자이자 철학자로 근대 심리학의 창시자로 불리는 윌리엄 제임스William James는 이에 대해 다음과 같이 말했다.

"행동은 감정을 따르는 것처럼 보인다. 하지만 행동과 감정은 동시에 작용하는 것이다. 의지의 직접적인 지배를 받는 행동을 조정하면 우리는 의지의 직접적인 지배를 받지 않는 감정을 조절할 수 있을 것이다. 그러므로 밝은 사람이 되려면 먼저 밝은 사람처럼 행동해야 한다."

윌리엄 제임스가 말하는 "행동은 감정을 따르는 것처럼 보인다. 하지만 행동과 감정은 동시에 작용하는 것이다"라는 말은 곧 말과 행동은 생각의 지배를 받는다는 것을 의미한다.

행동과 감정은 동시에 작용한다는 말이 이를 잘 말해준다. 그러니까 감정이 시키는 대로 하는 것이 아니라 감정과 동시에 행동하게 됨을 말한다. 자신이 원하는 것을 얻기 위해서는 원하는 대로 생각하고 행동하면 된다.

"인생은 우리가 하루 종일 생각하는 것으로 이루어져 있다."

이는 미국의 시인이자 사상가인 랠프 왈도 에머슨Ralph Waldo Emerson의 말로 하루 종일 어떤 생각을 하느냐에 따라 그 사람의 인생이 결정된다는 것을 잘 알게 한다. 에머슨의 말처럼 자신의 꿈을 이룬 사람들은 그가 생각하는 대로 이루어졌음을 알 수 있다.

에머슨이 뛰어난 시인, 수필가, 사상가가 될 수 있었던 것은 자신이 되고 싶은 대로 생각하고 행동했기 때문임을 알 수 있다.

에머슨은 목사로서 뛰어난 설교로 명성을 얻었지만, 아내가 죽고 신앙과 직업에 대해 깊은 회의에 빠졌다. 그는 성직에서 물러나 직접 신앙적인 체험을 원해 유럽 여행을 떠났다가 돌아와서는 영향력 있는 강연가가 되었다. 그는 저서 《자연》으로 명성을 얻었다. 그 후 수많은 강연을 통해 자신의 사상인 초절주의를 널리 알림으로써 성공한 인물이 되었다.

생각을 함부로 하고 행동하면 함부로 살게 되지만, 진정성 있게 생각하고 행동하면 진정성 있게 살게 된다. 자신이 원하는 대로 생각하고 꾸준히 실천한다면 자신이 원하는 대로 살게 될 것이다.*

080

## 생각을 가동시키는 실행력의 엔진, 신념

무엇인가 되고 싶다면 신념을 갖는 일이 그 첫걸음이다. 자, 신념을 가져라. 반드시 이루겠다는 신념을 가져라. 신념은 나의 사고에 생명을 주고 힘을 준다. - 나폴레온 힐

어떤 생각이나 사상에 대해 굳게 확신하며 그것을 이루려는 의지를 '신념'이라고 한다. 신념이 있고 없고는 그 사람의 인생에 막대한 영향을 끼친다. 즉 신념은 한 사람 인생의 성패를 결정짓는 중요한 인생의 포인트이다.

자동차를 움직이기 위해서는 오일이 있어야 하고, 엔진이 튼튼해야 한다. 아무리 오일이 풍족하다고 해도 엔진에 이상이 있으면 그 차는 운행할 수 없다. 이와 마찬가지로 아무리 목표가 뛰어나고 뜻이 우뚝해도 생각만으로는 목적을 이룰 수 없다. 생각을 현실로 이루기 위해서는 그 생각을 가동시켜야 하는데, 신념은 생각을 가동시키는 굳은 의지와 실행의 엔진이다.

최고의 자기계발동기부여가이자 베스트셀러 작가인 나폴레온 힐

Napoleon Hill은 앤드류 카네기를 만나기 전엔 평범한 신문기자였다.

그러던 어느 날 운 좋게 카네기를 취재하는 기회를 갖게 되었다. 그 자리에서 카네기는 그에게 성공한 사람들을 소개해줄 테니 그들을 취재해서 성공에 대한 책을 써보라고 제안했다. 나폴레온 힐은 앞뒤 재지 않고 그렇게 하겠다고 흔쾌히 말했다.

그날 이후 나폴레온 힐은 성공한 사람들을 만나 취재하기 시작했다. 그리고 체계적으로 연구하고 분석한 끝에 12가지의 성공 포인트를 찾아냈으며 그것을 '인생의 12가지 재산'이라고 이름 붙였다.

인생의 12가지 재산은 매사를  긍정적으로 대하는 긍정적인 자세, 건강, 원만한 소통을 통한 조화로운 인간관계, 두려움을 이기는 공포로부터의 자유, 성공에 대한 희망, 무엇을 이루겠다는 신념의 힘, 배려하고 베푸는 마음, 자선활동, 상대를 감화시키는 너그러운 마음씨, 어떤 상황에서도 평정심을 잃지 않는 자제심, 사물이나 일에 대한 이해심, 경제적인 보장 등이다.

나폴레온 힐은 성공학에 대해 분석한 원고를 모아 책을 출간하였는데 그 책이 바로 《생각하라, 그러면 부자가 되리라Think and Grow Rich》이다. 이 책은 엄청난 반향을 불러일으키며 베스트셀러가 되었고, 그는 유명 작가가 되었다.

나폴레온 힐은 저술 활동과 강연 등을 하며 많은 사람에게 성공의 꿈을 심어주었다. 그를 눈여겨본 윌슨 대통령으로부터 홍보담당비서관으로 임명되었으며, 그 후 프랭클린 루스벨트 대통령의 고문관이 되어 대통령을 보좌하여 막중한 책임을 완수하였다.

평범한 기자였던 나폴레온 힐이 이처럼 크게 성공할 수 있었던 것은 카네기의 제안을 받아들여 성공학의 대가가 되겠다는 신념이 있었기 때문이다. 그는 자신의 꿈을 이루기 위해 앤드류 카네기, 월터 크라이슬러 등 쟁쟁한 성공자들의 삶을 집중 연구하고 분석함으로써 성공의 법칙을 완성할 수 있었다. 만일 그가 카네기의 제안을 받아들이지 않았다면, 그는 평범한 기자로 생을 마쳤을 것이다.

그동안 카네기의 제안을 받은 사람들은 다 그의 제안을 거부했는데 나폴레온 힐만이 제안을 받아들였기 때문이다. 그러고 보면 인생은 한순간의 결정에 의해 이루어진다는 것을 알 수 있다. 즉 내가 그것을 하느냐 아니면 안 하느냐에 달린 것이니까.

이렇듯 순간의 선택이 그 사람의 인생을 결정짓는다는 것은 참으로 놀라운 일이다. 그렇다면 어떻게 해야 할까.

이에 대해 나폴레온 힐은 이렇게 말했다.

"무엇인가 되고 싶다면 신념을 갖는 일이 그 첫걸음이다. 자, 신념을 가져라. 반드시 이루겠다는 신념을 가져라. 신념은 나의 사고에 생명을 주고 힘을 준다. 신념은 과학으로도 풀 수 없는 기적을 부른다. 신념은 나를 절망에서 끌어내주는 마법의 약이다. 신념은 나의 고정관념을 파괴하는 다이너마이트이다. 나는 이제 신념을 가졌다. 그러므로 무서운 것은 아무것도 없다. 우주의 모든 것은 내 편이다.”

나폴레온 힐의 말엔 그야말로 역동적인 우주의 에너지가 다 들어 있는 것처럼 확신이 가득 차 있다는 걸 알 수 있다. 이처럼 불멸의 신념을 지녔기에 그는 성공할 수 있었던 것이다.

신념 없이는 그 무엇도 할 수 없다. 아무리 학벌이 뛰어나고, 배경이 좋고, 뛰어난 기획력을 지녔다 하더라도 그것을 실행에 옮기고 끝까지 이루겠다는 신념이 없다면 그림 속의 떡과 같다.

더구나 지금은 학벌도, 뒷배경도 통하지 않는 그야말로 마치 무無에서 시작해야만 하는 공허하고 팍팍한 시대이다. 내가 곧 길이며, 과정이며, 목적을 이루는 최선의 방법이자 수단인 것이다. 다시 말해 신념을 그 어느 때보다도 필요로 하는 시대라는 말이다.

그렇다. 생각을 가동시키는 의지와 실행의 엔진인 신념을 가져야 한다. 온몸과 마음을 신념으로 완벽하게 무장해야만 한다. 그리고 의지와 실행의 엔진이 녹슬지 않도록 또는 출력이 떨어지지 않도록 날마다 마음을 다지고 가다듬어야 하겠다. 그것은 곧 자신의 인생을 값지게 하는 활력의 빛이 될 테니까 말이다.*

To you wavering in the face of life's hardships

## CHAPTER 9

# 배우고
# 또 배워라

## 081 이성적으로 생각하고 이성적으로 행동하라

위대한 행동도 뛰어난 용감성도 모두 위대한 이성의 산물이다. 불끈하고 감정에서 나온 행동은 적당한 방향을 잡지 못할 뿐 아니라, 때로는 평지에 파란을 일으킬 뿐이다. - 존 러스킨

사람은 감정과 이성을 동시에 겸비한 존재이다. 감정은 넘치는데 이성이 부족하면 매사를 감정적으로 대처하는 우를 범하게 된다. 감정이 지나치면 감정에 치우쳐 좋지 않은 결과를 초래하게 된다. 그래서 감정을 조절해 줄 수 있는 이성이 함께해야 한다.

이와는 반대로 이성이 지나치면 너무 메마르고 삭막해 인간미가 없어 보인다. 그래서 적절한 감정이 함께하면 이성적이면서도 감정적인 마인드를 지니게 됨으로써 이상적인 인간관계를 유지하게 된다. 이렇듯 가장 바람직한 인간성은 이성과 감정이 조화롭게 구성되어야 한다.

이성에 대해 좀 더 알아보도록 하자. 이성은 냉철한 판단력을 갖게 하고, 사물을 분석적으로 바라보게 하고, 어떤 논제에 대해 논리적이고 체계적으로 생각하게 한다. 그렇게 함으로써 대충 주먹

구구식으로 처리할 수 있는 일도 빈틈없이 처리하게 하여 정확성을 기하게 한다. 뿐만 아니라 이성은 남이 주저하는 일에도 용기 있게 행동하게 함으로써 어려움을 극복하는 데 큰 힘이 되게 한다.

영국의 비평가이자 사회사상가이며 작가인 존 러스킨John Ruskin은 이성에 대해 다음과 같이 설파하였다.

"위대한 행동도 뛰어난 용감성도 모두 위대한 이성의 산물이다. 불끈하고 감정에서 나온 행동은 적당한 방향을 잡지 못할 뿐 아니라, 때로는 평지에 파란을 일으킬 뿐이다. 참된 용기는 다른 사람이 겁을 내고 머뭇거릴 때 무서움을 넘고 이성의 밧줄을 잡고 행동하는 데 있다."

존 러스킨은 위대한 행동, 뛰어난 용감성도 이성의 산물이라고 말한다. 이성은 인간이 반드시 갖춰야 할 인간의 본성인 것이다.

존 러스킨은 옥스퍼드대학교에서 학사와 석사 학위를 받았다. 그는 실천적인 학문을 주장한 것으로 유명하다. 이를 잘 알게 하는 이야기를 소개한다.

어느 날 존 러스킨이 출근을 하는데 비가 와서 구두와 옷을 버리게 되었다. 그는 강의실에 도착해서 이에 대해 이야기하며 어떻게 하는 것이 좋겠냐고 물었다. 그때 한 학생이 지금 당장 길을 고치면 된다고 말했다. 그래서 모두 밖으로 나가 길을 고치는 데 시간을 할

애했다. 그 후 그 길을 '존 러스킨의 길'이라고 명명했다고 한다.

존 러스킨의 실천적인 학문은 많은 사람들부터 호응을 받았다. 그는 '근대 화가론'을 완성함으로써 학계로부터 큰 주목을 받았다. 그는 예술, 문학, 자연과학, 그림, 정치학, 경제학, 사회학 등 다방면에서 두각을 보였으며, 작가로서도 화가로서도 그 명성은 대단했다.

존 러스킨은 무엇보다 사회비평에 뛰어났다. 그는 인간 정신 개조에 의한 사회 개량을 주장했으며 이 방면에서 최고로 평가받았다. 훗날 간디와 톨스토이, 버나드 쇼는 러스킨을 '당대 최고의 사회개혁자'라고 평하였다.

존 러스킨이 당대 최고의 비평가로, 학자로, 학계와 사회에 크게 기여할 수 있었던 것은 그의 위대한 이성적 산물이라고 할 수 있다.

이성적으로 생각하고 이성적으로 행동하라. 이성적으로 생각하고 이성적으로 행동하는 삶은 자신의 삶을 가치 있게 이끌어주는 '라이프 키'이다.*

082

## 승자와 패자

승자는 눈을 밟아 길을 만들지만 패자는 눈이 녹기를 끊임없이 기다리고 기다린다. -《탈무드》

승자와 패자는 근본 마인드부터가 다르다. 승자는 매사에 긍정적이고, 적극적이고, 열정적이다. 불가능해 보이는 일도 문제 삼지 않는다. 입에서는 희망의 말을 쏟아내고, 역동적이고 활기차게 행동한다.

그러나 패자는 매사에 부정적이고, 소극적이고, 열정이 없다. 충분히 할 수 있는 일도 자신 없어 한다. 입에서는 비관적인 말을 쏟아내고, 늘 움츠리고 패기라고는 찾아볼 수 없다.

승자와 패자에 대해 유대인의 민족서인《탈무드》는 다음과 같이 말한다.

"승자는 눈을 밟아 길을 만들지만 패자는 눈이 녹기를 끊임없이 기다리고 기다린다."

승자와 패자의 확연한 차이를 알 수 있는 말이다.

또한 영국의 사상가이자 평론가인 토마스 칼라일Thomas Carlyle은 이렇게 말했다.

"길을 가다 돌을 만나면 약자는 걸림돌이라고 말하고, 강자는 디딤돌이라고 말한다."

칼라일의 말에서 강자는 승자를 말한다. 이기는 자는 강자이지 약자가 아니기 때문이다.

여기서 우리는 중요한 사실을 간과해서는 안 된다. 승자가 되기 위해서라면 수단과 방법을 가리지 않아도 된다는 말은 아니라는 것이다. 수단과 방법을 가리지 않고 얻는 승리는 진정한 승리라고 할 수 없다. 그것은 때에 따라서는 사람들에게 피해를 주고, 원성을 살 수 있기 때문이다. 법과 질서를 지키고 보편적 원칙을 지키면서 이룬 승리야말로 진정한 승리인 것이다. 나아가 승리의 기쁨을 자기만 누리는 것이 아니라 다른 사람도 나눌 수 있도록 배려해야 한다. 이를 좀 더 구체적으로 말하면 자신만의 이익을 추구해서는 안 되고, 남에게도 이익이 될 수 있도록 해야 한다.

이에 대해 맹자孟子는 이렇게 말했다.

"구하는 자는 이를 얻을 것이며, 버리는 자는 이를 잃을 것이다. 이는 스스로 구하여 얻기 때문에 가치가 있는 것이다. 그러나 이를 구함에는 도리가 있고 천리가 있다. 때문에 이를 얻기 위하여 다만 이익에만 눈이 어두우면 참다운 이익을 못 얻고 만다."

맹자의 말은 진정한 승자의 도리에 대해 잘 알게 한다.

승자가 된다는 것은 많은 노력과 고행이 따른다. 승자는 단박에 승자가 되는 것이 아니다. 한 계단 한 계단을 올라 정상에 다다르는 것처럼, 꾸준히 노력하는 가운데 또 실패를 딛고 나아갈 때 되는 것이다.

성공한 인생을 살았던 사람들은 하나같이 이런 과정을 거쳤다. 그 어느 누구도 단박에 성공의 자리에 오르지 않았다. 성공은 실패를 극복하고 좌절을 딛고 많은 대가를 치러야 얻을 수 있는 인생의 위대한 금자탑이다.

영국의 시인인 로버트 브라우닝Robert Browning은 이에 대해 다음과 같이 설파하였다.

"위대한 사람은 단번에 그와 같이 높은 곳에 뛰어 오른 것이 아니다. 동반자들이 밤에 단잠을 잘 적에 그는 일어나서 괴로움을 이기고 일에 몰두했던 것이다. 인생은 자고 쉬는 데 있는 것이 아니라 한 걸음 한 걸음 걸어가는 속에 있다. 성공의 일순간은 실패의 쓴맛을 보상해준다."

브라우닝의 말처럼 승리한 인생, 즉 승자가 되기 위해서는 실패를 딛고, 단박에 성공하려고 하지 않고 끝까지 한 걸음 한 걸음 나아가야 한다. 그랬을 때 승리의 기쁨 또한 더 크게 다가오는 것이다.*

083

## 배우고 또 배워라

학문의 길에는 방법이 따로 없다. 모르는 것이 있으면 길을 가는 사람이라도 잡고 물어야 한다. 또한 비록 종이라도 나보다 글자 하나라도 많이 알고 있으면 그에게 배워야 한다. – 연암 박지원

학문, 즉 배움에는 왕도가 없다는 말이 있다. 배움은 자신이 처한 상황에서 각자에 맞게 하면 되는 것이지, 무슨 법칙이나 원칙이 있는 것은 아니다. 다시 말해 배움은 강의실 안에서도 이루어지고, 강의실 밖에서도 이루어지고, 낮이든 밤이든 때를 가리지 않고, 시기를 가리지 않고 각자의 형편에 맞춰 배우면 된다.

그런데 배움에 관심이 없는 사람들은 상황이 어떻다는 둥 배움을 청할 사람이 없다는 둥 시간이 없다는 둥 구구한 변명만을 늘어놓는다. 이는 모두 배움에 대한 의지와 열망이 없기 때문이다.

배움은 일시적인 것이 아니라 평생을 하는 것이다. 세월이 흐르면 사회도 변하고, 생활도 변하고, 삶의 가치관도 변하기 마련이다. 그런데 낡은 생각과 정체된 마인드로는 새로운 변화를 따를 수 없다. 변화에 뒤처지지 않기 위해서는 배워야 한다. 새로운 변화를

이끌어가는 주체가 된다면 더욱 좋겠지만, 그것은 각자의 능력이 따라줘야 할 수 있는 것으로 그것까지는 바랄 수는 없다. 하지만 한 사람의 생활인으로서, 인격을 가진 존재로서 새로운 변화에 밀려나는 수모를 겪지는 말아야 한다.

또한 배움에는 부끄러움을 가져서는 안 된다. 가르침의 주체가 자신보다 나이가 어리고, 신분이 못하다고 해서 망설이거나 배움을 물린다면 그런 사람이 제대로 된 배움을 갖는다는 것은 요원한 것이다.

배움의 자세에 대해 조선 후기의 문신이자 학자이며 《열하일기》, 《허생전》의 저자로 널리 알려진 연암燕巖 박지원은 이렇게 말했다.

"학문의 길에는 방법이 따로 없다. 모르는 것이 있으면 길을 가는 사람이라도 잡고 물어야 한다. 또한 비록 종이라도 나보다 글자 하나라도 많이 알고 있으면 그에게 배워야 한다."

박지원의 말은 불치하문不恥下問의 의미를 실리적으로 잘 보여주고 있다.

그는 양반가의 후손으로 서얼 출신들은 물론 장사치, 거지들과도 어울리며 스스럼없이 지내면서 학문은 이용후생利用厚生, 즉 쓰는 것을 편리하게 하며 삶을 윤택하게 하는 것이 되어야 한다고 주장하였다. 다시 말해 양반들이 책상머리에 앉아 '공자 왈 맹자 왈'

을 논하는 것이 아니라 백성들의 실제적인 삶에 도움이 될 때 진정한 학문으로서의 가치를 지닌다는 것을 말한다.

배움은 왕도가 없다는 말처럼 박지원은 '학문의 길에는 방법이 따로 없다'고 주장함으로써 배움의 진정한 가치와 필요성에 대해 설파하였던 것이다.

배움은 일정한 시기에만 하는 것이 아니라 평생 하는 것으로, 자신이 배우는 만큼 배움의 가치를 얻게 된다. 적게 배운 사람이 많이 배운 사람의 삶의 가치를 지니기 위해서는 그만큼의 배움의 시간을 들여야 한다. 배움을 소홀히 하고 등한시 한다는 것은 결국 자신을 퇴보적인 인생이 되게 하는 스스로에 대한 불충이며 예의가 아니다.

이에 대해 유대인의 민족서인 《탈무드》는 이렇게 말한다.

"하루를 공부하지 않으면 그것을 되찾는 데 이틀이 걸린다. 이틀을 공부하지 않으면 그것을 되찾는 데 나흘이 걸린다. 일 년을 공부하지 않으면 그것을 되찾는 데는 이 년이 걸린다."

그렇다. 배움은 시간과 노력을 들여야만 할 수 있는 것이다. 《탈무드》가 이르듯 배움에 열정을 다할 때 삶의 가치는 높아지는 것이다.

공자 또한 이르기를 "사람은 어질어도 배우지 않으면 현명해지지 못한다"고 했다. 어질어도 배우지 못하면 현명하지 못하다. 배움을 통해 어질고 현명함을 동시에 갖출 수 있다면 그것이야말로 진정으로 품격 있는 인생이라고 할 수 있다.

품격은 스스로 만드는 것이다. 그 품격을 높여주는 것이 곧 배움이다. 배우고 또 배우기를 힘써야 한다.*

084

# 자신이 하는 일에 긍지를 가져라

나는 세상에서 가장 재미있는 일을 갖고 있고 출근하는 길은 언제나 즐겁다. - 빌 게이츠

"나는 세상에서 가장 재미있는 일을 갖고 있고 출근하는 길은 언제나 즐겁다. 항상 새로운 도전과 기회, 배울 것들이 기다리고 있다. 만약 스스로의 일을 이 정도로 즐긴다면, 체력이 소진될 일이 없을 것이다."

미국 마이크로소프트사 창업자이자 재산 사회환원운동과 기부문화에 앞장서고 있는 빌 게이츠Bill Gates의 말이다.

빌 게이츠는 어린 시절부터 컴퓨터에 깊은 관심을 갖고 중고등학교 시절을 보내고, 1973년 세계 최고의 명문 하버드대학교 법학과에 입학하였다. 그러나 딱딱하고 지루한 법률 공부는 자유로운 사고와 독창성을 지닌 그의 성격과는 잘 맞지 않았다. 그는 자신의 진로에 대해 신중히 생각한 끝에 수학과로 옮겨 공부를 하였다. 하지만 수학 공부 또한 그에게 잘 맞지 않아 심적으로 갈등했지만,

그는 컴퓨터에 대한 열망을 한시도 잊지 않고 공부를 하였다.

컴퓨터는 그의 일생을 바꾸어 놓은 운명이었다. 법학 공부나 수학 공부에 관심이 없었던 그는 오직 컴퓨터만이 자신이 가야 할 길이라고 굳게 믿었다. 그는 공부를 하면서 P. 앨런과 함께 최초의 소형 컴퓨터용 프로그램 언어인 베이직BASIC 해석프로그램과 앨테어용 프로그래밍 언어인 앨테어베이직을 개발했다.

그러나 공부와 컴퓨터 일을 병행한다는 것이 시간적으로 맞지 않아 대학을 중퇴하였다. 그리고 뉴멕시코 주 앨버커키에 마이크로소프트사를 설립하였다.

1981년 당시 세계 최대의 컴퓨터 회사인 IBM사로부터 퍼스널 컴퓨터에 사용할, 운영체제 프로그램 개발을 의뢰받아 성공적으로 일을 완수하였다. 그 일은 그에게 지금의 마이크로소프트사를 만드는 데 있어 기틀이 되어주었다.

빌 게이츠의 가슴 속엔 늘 뜨거운 열망의 피가 흐르고 있었다. 그의 열망은 세계 제일의 컴퓨터 회사를 만드는 것이었다. 그는 온 정열을 다 바쳐 밤낮으로 새로운 아이템을 찾고, 그 아이템을 성공적으로 이끌어내기 위해 온 힘을 다했다. 그는 '삶은 원하는 대로 이루어진다'는 굳은 신념을 한 번도 그의 가슴으로부터 떠나보낸 적이 없다.

그는 자신의 일에 긍지를 갖고 자신의 신념을 굳게 믿었으며, 온 마음과 몸으로 실천하여 오늘의 마이크로소프트사를 이루어냈다.

빌 게이츠가 신뢰 받는 사람으로 우뚝 선 것은 단지 회사 경영을 잘하는 경영의 귀재로서뿐만이 아니다. 그는 자신이 번 돈을 제대로 쓸 줄 아는 사람이다. 그는 컴퓨터 발전을 위하는 일이라면 그곳이 어디든 가리지 않고 천문학적인 돈을 아낌없이 후원한다. 우리나라도 그의 후원금을 받은 국가 중 하나다. 또한 그는 빌 게이츠 재단을 설립하고 가난하고 소외받은 사람들을 위해 후원하고 있다.

자신이 하는 일에 긍지를 갖는 것은 매우 중요하다. 긍지는 자신의 신념을 더욱 강화시키고, 도전정신을 극대화 시킨다. 나아가 자신이 하는 일에 즐거움을 갖게 하고, 열정적으로 그 일을 하게 만든다.

자신의 꿈을 이루고 싶다면 지금 당장 자신을 돌아보라. 지금 하는 일에 긍지를 갖고 즐겁고 신나게 하고 있는지를. 그렇다면 그 일은 성공할 가능성이 높다. 그러나 그렇지 않다면 몸과 마음을 새롭게 다져야 한다. 그리고 그 일을 꼭 해야겠다는 생각이 들면 긍지를 갖고 열정을 다 바쳐야 한다. 그렇게 할 수 있다면 꿈을 이루는 일은 훨씬 가깝게 다가올 것이다.*

085

## 가장 비참한 사람은 꿈이 없는 사람이다

정말 안타깝고 서글픈 것은 한 번도 꿈을 꾸어보지 않았던 사람들이다. - 크리스토프 에센바흐

어느 중학교에서 특강을 할 때 일이다.

한창 꿈 많은 10대들의 모습을 보며 나는 얼마나 마음이 상큼했는지 모른다. 그들의 초롱초롱한 눈망울과 해맑은 웃음을 보며 꿈 많던 나의 10대로 되돌아가고픈 충동을 느꼈다.

그런데 강의를 하면서 내 마음을 착잡하게 한 일이 있었다.

"여러분, 자신이 간절하게 이루고 싶은 꿈이 있습니까? 어디 한 번 손 들어보세요."

나는 이렇게 말하며 죽 둘러보았다. 순간 나는 놀라고 말았다. 그 많은 학생들 중에서 3분의 1만 손을 들었기 때문이다.

나는 그들의 모습에서 큰 충격을 받았다. 나는 잠시 마음을 가다듬고 힘주어 말했다.

"꿈이 없다는 것은 자신을 소중하게 여기지 않기 때문입니다. 꿈

은 자신을 행복과 희망으로 이끌어주는 소중한 보석입니다. 지금도 늦지 않았습니다. 자신이 간절히 원하는 꿈을 정해 마음에 꼭 품기 바랍니다. 그리고 반드시 마음에 새길 것은 꿈은 마음에 품고 있다고 해서 저절로 이루어지지 않습니다. 그 꿈을 실현시키기 위해서는 꿈에 맞게 실천해야 하는데, 무작정 하는 것보다는 자신이 존경하고 닮고 싶은 사람처럼 생각하고, 말하고, 행동해야 합니다.

낭만주의의 선구자인 슈베르트는 베토벤을 너무도 존경한 까닭에 베토벤이 즐겨 먹는 음식을 먹고, 그처럼 머리 모양을 하고, 그가 즐겨 입는 옷을 입고, 그가 했던 것처럼 최선을 다했습니다. 그리고 자신이 죽으면 베토벤 묘지 옆에 묻어달라고 했습니다. 얼마나 베토벤처럼 되고 싶었으면 이처럼 철저하게 베토벤을 따라 했을까요. 결국 슈베르트는 베토벤에 버금가는, 세계사에 길이 남은 훌륭한 음악가가 될 수 있었습니다."

한창 꿈꾸고 매진해야 할 청소년들에게 꿈이 없다는 것은 영혼이 없는 것과 다름없다. 꿈이 없다는 것은 삶의 존재가치를 잃는 일이다.

그런데 더 놀라운 것은 젊은이들 중에도 자신의 꿈이 무엇인지조차 모르는 이들이 있다는 것이다. 취업에 지치고, 무기력해지다 보니 자포자기에 빠지고 꿈을 잃고 말았다. 안타까운 일이 아닐 수 없다.

그러나 한 가지 분명히 해야 할 것은 꿈을 포기해서는 안 된다는 것이다. 아무리 현실이 어려워도 손을 놓고 있으면 안 된다. 그것은 스스로를 감금하는 행위이자 서글픔과 같기 때문이다.

이에 대해 독일 출신의 지휘자이자 피아니스트인 크리스토프 에센바흐Christoph Eschenbach는 다음과 같이 말했다.

"사람마다 꿈이 한 번도 실현되지 않았다고 해서 스스로 안타깝고 서글프게 생각해서는 안 된다. 정말 안타깝고 서글픈 것은 한 번도 꿈을 꾸어보지 않았던 사람들이다."

꿈을 잃지 않기 위해서는 에센바흐의 말을 가슴에 새겨 늘 거울로 삼으며 자신을 돌아보라. 그리고 틈틈이 자신을 점검해보라. 나는 지금 꿈을 꾸고 있는지를. 이렇게 꾸준히 자신의 마인드를 관리하면서 자신의 꿈을 향해 나아갈 때 비로소 꿈을 이루게 된다.*

086

# 성실을 이기는 지혜는 없다

성실하면 지혜도 생기지만 성실치 못하면 있는 지혜도 흐려진다. - 벤자민 디즈레일리

자신의 인생을 잘 살아가는 사람들에게는 여러 공통점이 있다. 의지와 신념이 강하고, 책임감이 강하며, 지혜로우며 성실하다. 특히 그중에서도 '성실성'이 강하다.

성실하다는 것은 자신의 인생에게 진실하다는 것을 의미한다. 성실한 사람은 의지와 신념이 강하고, 책임감이 강해 자신에게 주어진 것에 최선을 다한다. 최선을 다하니 일이 잘되는 것은 당연한 일이다.

그런데 이 사실을 망각하며 사는 사람들이 많다. 자신의 노력에 비해 빠른 시간 안에 좋은 결과를 얻으려고 한다. 세상의 모든 좋은 결과는 하루아침에 이루어지지 않는다. 시간을 들이고, 공을 들이고, 열정을 다할 때 비로소 자신이 원하는 결과를 얻게 된다.

성실함에 대해 영국의 뛰어난 정치가이자 소설가인 벤자민 디즈레일리Benjamin Disraeli는 이렇게 말했다.

"지혜를 짜내려고 애쓰기보다는 먼저 성실하라. 사람이 지혜가 부족해서 실패하는 일은 적다. 사람에게는 늘 부족한 것이 성실이다. 성실하면 지혜도 생기지만 성실치 못하면 있는 지혜도 흐려진다."

디즈레일리는 유대인으로서 영국의 수상을 두 번이나 지낸 탁월한 정치가이다. 그가 유대인으로서 강성대국인 영국의 수상을 두 번이나 지낼 수 있었던 까닭은 그의 뛰어난 정치적 감각과 능력에도 있지만 무엇보다 '성실성'에 있다.

그는 많은 실패를 통해 성실함이 인간의 삶에 미치는 영향에 대해 잘 알았던 것이다. 그는 성실함을 무기로 자신의 정적을 물리치고 영국의 수상으로서 최선을 다했다. 그 결과 빅토리아 여왕의 절대적인 신임 속에서 또한 국민들의 열렬한 지지 속에서 자신의 능력을 맘껏 펼칠 수 있었다.

맹자는 성실성에 대해 이렇게 말했다.

"성실 하나로 살아가는 사람이 남에게 감동을 주지 못했다는 예는 이제까지 하나도 없다."

맹자의 이 말은 자신의 경험을 바탕으로 하고 있다.

맹자는 학문을 닦기 위해 집을 떠났지만 배움을 끝내지 못하고 집으로 돌아왔다. 그런데 그런 아들을 보고 베를 짜던 어머니가 베틀의 날실을 잘라내며 그를 호되게 야단했다. 그는 자신의 어리석음을 깨닫고 다시 돌아가 정진한 끝에 높은 배움에 이를 수 있었다. '맹모단기孟母斷機'는 이를 바탕으로 하여 생긴 고사성어이다.

미국 건국의 아버지 중 한 사람으로 미국 역사에 찬란하게 이름을 빛낸 벤자민 프랭클린은 '성실성'에 대해 다음과 같이 말했다.

"단 하나의 성실한 마음이 사람을 움직이는 힘이 더 크다."

그는 정치가로, 사업가로, 발명가로 자신의 인생을 후회 없이 살았다. 그가 인생을 성공적으로 살 수 있었던 것은 '성실성'의 힘이었다.

이렇듯 성실성은 동서양을 막론하고 모든 성공의 조건 중 최선이라는 것을 말해준다고 하겠다.*

087

## 삶의 주인공이 되는 법

삶의 주인공이 되어라. 영원히 이어지는 눈길 위에 발자국을 남겨라. 칠흑 같은 어둠이 장막을 뚫고 환한 밝음으로 가는 길을 개척하라.
- 파크 벤자민 시니어

사람은 누구나 자기 인생의 주인공이다. 자기 인생의 무대에서 자신이 극본을 쓰고, 자신이 연출을 하며, 자신이 주연으로, 조연으로 그리고 엑스트라로 출연해 자신의 인생이란 드라마를 제작한다.

그런데 어떤 사람은 자신의 드라마를 히트시키는데, 어떤 이는 자신의 드라마의 가치를 하락시킨다. 이는 자신의 인생이란 드라마를 연출하는 능력의 차이에서 빚어지는 현상이다.

자신의 인생 드라마를 성공적으로 연출하기 위해서는 자신의 능력을 최대한 극대화시켜야 한다. 그러기 위해서는 새로운 변화에 뒤떨어지지 않게 배워야 하고, 책을 손에서 놓지 말아야 한다. 그리고 그 어떤 시련과 실패에도 휘둘리지 말아야 한다. 행복과 즐거움이 오듯 시련과 고난 또한 오기 마련이다.

인생의 주인공이 된다는 것은 쉽지 않다. 하지만 인생의 주인공이 되고 싶다면 배우고 익히는 일에 열정을 다해야 하고, 그 어떤 시련과 고난도 극복해야 한다. 그렇게 했을 때 인생 드라마의 주인공이 됨으로써 자신의 인생을 히트시키게 된다.

"삶의 주인공이 되어라. 영원히 이어지는 눈길 위에 발자국을 남겨라. 칠흑 같은 어둠이 장막을 뚫고 환한 밝음으로 가는 길을 개척하라."

이는 미국의 시인이자 저널리스트인 파크 벤자민 시니어Park Benjamin Sr.가 한 말로 삶의 주인공, 즉 인생의 주인공이 되기 위한 비결을 문학적 표현으로 잘 보여준다.

미국의 대표적인 시인 중 한 사람인 월트 휘트먼은 가난한 가정환경으로 인해 열한 살 때까지만 정식으로 공부하였다. 그는 먹고 살기 위해 어린 나이에 변호사사무실 소사로, 인쇄견습공으로 일하며 인쇄술과 조판에 대해 배웠다.

그 후 교사로 일했지만 그만두고, 뉴욕 헌팅턴에 신문사 〈롱아일랜더〉를 창간하여 편집자이자 인쇄공이자 마케터이자 배달원 등 일인다역으로 일했다. 그러나 10개월 후 신문사를 팔고, 조판공으로 잠시 일하다 시인이자 저널리스트인 파크 벤자민 시니어 밑에서 일했다.

휘트먼은 자비로 시집 《풀잎》을 출판하여 에머슨으로부터 좋은 평가를 받았다. 하지만 성적인 표현을 못마땅하게 생각한 지질학자 존 피터 레슬리로부터 "쓰레기처럼 불경스럽고 외설적이다"라는 혹독한 비판을 받았다. 그 후 20편의 시를 추가하여 《풀잎》 제2판을 내었다. 그리고 그 이후에 여러 번에 걸쳐 개정판을 내었다.

휘트먼은 경제적 어려움을 극복하기 위해 친구인 시인 윌리엄 더글러스 오코너의 도움으로 내무부 사무국의 직원으로 일했다. 그러나 새롭게 부임한 장관에 의해 해고되었다가 오코너의 강력한 항의로 법무장관 사무국에서 일하게 되었다.

휘트먼은 링컨에게 바치는 헌시 〈오 캡틴! 마이 캡틴!〉으로 인기를 얻고 이름을 알리게 되었지만, 그가 국제적으로 명성을 얻게 된 것은 윌리엄 마이클 로제에 의해 영국에서 《월드 휘트먼 시선》을 발간하고 나서였다.

휘트먼은 '자유시의 아버지'라는 평가를 받을 만큼 미국의 대표적인 시인이 되었다. 그가 그처럼 될 수 있었던 것은 운명 같은 가난과 여러 형제들이 죽는 슬픔 속에서도 굴하지 않고 자신을 스스로 격려하고 최선을 다한 결과였다.

인생의 주인공이 되기 위해서는 휘트먼이 그랬듯이 갖은 고난 속에서도 최선을 다해야 한다. 자신을 이기는 자만이 인생의 주인공이 될 수 있다.*

088

## 자신과의 싸움에서 이기는 법

적(상대)과 싸우기에 앞서 자신의 약점과 싸워 이기지 않으면 안 된다. 사람은 적이 강해서 지는 경우보다 자신에게 먼저 지는 경우가 많다.
- 에픽테토스

우리는 극심한 경쟁 속에서 살아가고 있다. 내가 이기지 않으면 상대에게 밀려 지고 만다. 이러한 경쟁은 바람직한 것은 아니지만 현실은 사람들을 경쟁구도 속으로 몰아가고 있다. 그런데 경쟁이 싫다고 경쟁 자체를 포기한다면, 그것은 자신의 인생을 포기하는 것과 같다.

왜 그럴까. 상대와의 경쟁을 포기한다는 것은 자신에게 돌아올 인생의 기쁨을 상대에게 내어주는 것과 같기 때문이다. 자신이 누려야 할 기쁨을 온전히 누리기 위해서는 상대와의 경쟁에서 이겨야 한다. 상대와의 경쟁을 이기기 위해서는 먼저 자신과의 싸움에서 이겨야 한다. 이에 대해 노예 출신 스토아학파의 철학자인 에픽테토스Epiktetos가 이렇게 말했다.

"적상대과 싸우기에 앞서 자신의 약점과 싸워 이기지 않으면 안 된다. 사람은 적이 강해서 지는 경우보다 자신에게 먼저 지는 경우가 많다."

에픽테토스의 말은 자기 자신의 약점을 극복하지 못하면 적, 즉 상대에게 지는 경우가 많음을 분명히 하고 있다.

자신과의 싸움에서 이기기 위해서는 어떻게 해야 할까?

첫째, 아무리 힘들어도 죽을 각오로 참고 견뎌내야 한다. 참고 견디지 못하면 자신에게 지는 것이다.

둘째, 경쟁 상대의 장점은 무엇이고 단점이 무엇인지 파악하고 경쟁에 임해야 한다. 그렇게 될 때 자신감을 갖게 됨으로써 자신을 극복하고 상대를 이길 수 있다.

셋째, 자신을 실력으로 무장해야 한다. 실력으로 무장하게 되면 거칠 것이 없다. 많이 아는 자가 결국 이기는 법이다.

자신과의 싸움에서 이기기 위해서는 이 세 가지를 반드시 갖춰야 한다. 이 세 가지를 완전하게 갖출 수만 있다면 상대와의 경쟁에서 절대 지지 않고 이길 수 있다. 물론 그렇게 한다는 것은 쉽지 않다. 그래도 해야 한다. 힘들이지 않고 되는 것은 아무것도 없으니까. 자신을 이긴다는 것은 참 어려운 일이다. 그래서 자신을 이기는 자가 가장 강한 자이며, 원하는 것을 이룬 자는 자신을 이긴 자이다. 자신의 인생을 승리로 이끌고 싶다면 반드시 자신을 이기는 자가 되어야 한다.*

089

# 모든 지나침은 화근의 원인이다

목이 마를 때 한 모금의 술은 달콤한 이슬 같고, 취한 후 한 잔을 더 하는 것은 안 먹는 것만 못하다.
-《명심보감》

《논어論語》〈선진편〉에 과유불급過猶不及이라는 말이 나온다. 정도가 지나치면 오히려 모자람만 못하다는 말로, 정도를 벗어나는 것에 대한 경고성 교훈이라고 할 수 있다.

정직성, 성실성, 배려심, 인사성, 예절 등 넘쳐서 좋은 것도 있지만 이 또한 지나치면 아니함만 못하다. 그 어떤 일도 정도가 있는 법이다. 그 정도를 지키는 것만으로도 자신에게는 덕이 되고, 다른 사람들에게도 좋은 이미지를 심어준다.

그런데 지나쳐서 자신의 인생을 그릇되게 하는 사람들이 있다. 가령, 게임이란 것은 즐거움을 위한 놀이쯤으로 여겨야 하는데 그 정도를 넘어 돈을 걸고 하는 등 문제를 야기하고 있다. 게임에 돈을 건다는 것은 도박성으로 이는 윤리적으로나 법에 어긋나는 일이다. 이러한 사행성 게임이나 오락은 하지 않는 것이 좋다. 자칫 자신의 인생을 그릇되게 함으로써 치명적인 결과를 낳게 된다.

또 건강한 몸을 만들겠다고 너무 무리하게 하다 보면 오히려 건강을 해치는 수가 종종 있다. 이는 차라리 아니함만 못하다. 독서가 좋다고 해서 오래도록 책을 보면 눈도 침침해지고 목과 어깨에 근육이 뭉쳐 이 또한 건강에 영향을 줄 수 있다.

건강을 위한 운동이나, 지식과 지혜를 기르는 독서처럼 유익한 것도 지나치면 해가 되거늘, 게임이나 오락, 포커 같은 사행성 놀이는 물론 과음과 과식, 음주와 흡연 등은 더더욱 지나치면 악영향을 끼치게 된다.

그런데 이를 알고도 고치지 못하는 것은 의지가 약하기 때문이다. 긍정적인 의지로 부정적인 자아를 몰아내야 한다.

긍정적인 의지를 강하게 하기 위해서는 어떻게 해야 할까?

첫째, 절제력을 길러야 한다. 아무리 하고 싶은 것도 견뎌낼 수 있도록 마음을 단련시킨다면 충분히 절제할 수 있다.

둘째, 지나침이 왜 좋지 않은지에 대한 사례들을 수집 분석해보면 조심해야겠다는 생각이 들게 된다. 그러면 경각심이 발동하게 됨으로써 충분히 부정적인 자아를 몰아낼 수 있다.

셋째, 독서와 사색, 요가 등 심신을 단련시키는 좋은 방법을 찾아 꾸준히 수양하면 스스로를 컨트롤할 수 있는 내공이 길러진다.

이 세 가지 방법을 몸과 마음에 익힐 수 있다면 그 어떤 것에도 지나치지 않고 정도를 지킴으로써 생산적인 삶을 추구할 수 있다. 나아가 그 어떤 미혹에도 넘어가지 않게 된다.

"목이 마를 때 한 모금의 술은 달콤한 이슬 같고, 취한 후 한 잔을 더 하는 것은 안 먹는 것만 못하다."

《명심보감明心寶鑑》에 나오는 말로 술도 필요로 하는 만큼은 유익이 되나, 정도를 지나치면 아니함만 못하다고 말하고 있다.

또한 유대인의 지혜서인 《탈무드》는 이렇게 말한다.

"세상에는 도를 넘으면 안 되는 것이 여덟 가지 있다. 여행, 여자 친구, 부, 일, 술, 수면, 약 그리고 향료다."

《탈무드》에 나오는 말은 좀 더 포괄적인 의미를 담고 있지만 결국은 지나치지 말라는 것을 분명히 하고 있다. 몇 번을 읽고 마음에 새겨도 부족함이 없는 금언金言이다.

모든 문제의 원인의 대부분은 자신에게 있다. 문제를 야기할 수 있는 모든 지나침으로부터 자유로울 수 있도록 하는 것, 그것이 자신의 인생을 성공으로 이끄는 참 지혜이다.*

090

# 마음과 몸을 강건하게 하기

사람의 마음과 몸이 활달하고 명랑하면 그 사람의
마음 또한 바르고, 몸이 깨끗하지 아니함이 없다.
-《대학》

가장 이상적인 건강의 조건은 몸과 마음이 건강하여 강건함을 유지하는 것이다. 지식과 지혜가 아무리 뛰어나다 해도 심신이 약하면 지식과 지혜도 제 능력을 발휘하는 데 지장이 있다.

이와는 반대로 심신은 건강한데 지식과 지혜가 부족하면 무식한 사람으로 낙인 찍혀 사람들로부터 "머리는 텅 빈 게 힘만 세가지고는."이라는 조롱을 받을 수 있다.

앞에서도 말했듯이 가장 이상적인 건강은 몸과 마음이 강건한 것이다. 몸과 마음이 하나가 될 때 강한 에너지가 뿜어져 나온다. 자신의 일을 잘 해나가는 사람들을 보면 하나같이 몸과 마음이 강건하다는 걸 알 수 있다.

그렇다. 몸과 마음이 일체를 이루어야 한다.

그러나 몸과 마음이 따로 겉돌면 그것은 이상이 있음을 의미한다. 몸과 마음이 따로 겉돌면 에너지가 제대로 분출이 되지 않아 자신의 능력을 제대로 발휘하지 못한다.

몸을 건강하게 단련시키기 위해서는 자신에게 잘 맞는 운동을 해야 한다. 자신과 잘 맞지 않는 운동은 오히려 역효과를 낼 수 있으므로 남들이 좋다고 해도 자신에게 맞지 않으면 하지 않는 것이 좋다. 대신 자신에게 잘 맞는 운동은 거르지 말고 꾸준히 해야 한다. 그렇게 시간이 흐르다 보면 건강한 몸을 갖게 된다.

마음을 강하게 단련시키기 위해서는 마음을 흐리게 하는 것들과 멀리 해야 한다. 종교생활을 한다든지, 요가를 한다든지, 봉사활동을 한다든지, 책을 읽는다든지, 묵상을 한다든지 하는 등의 노력을 기울여야 한다. 그래서 어떤 일에도 마음이 흔들리지 않으면 건강한 마음을 가졌다고 봐도 좋다.

"사람의 마음과 몸이 활달하고 명랑하면 그 사람의 마음 또한 바르고, 몸이 깨끗하지 아니함이 없다."

《대학大學》에 나오는 말로 몸과 마음이 활기 있게 작동할 때, 몸도 마음도 활기가 넘쳐 건강하고 에너지가 충만한 생활을 하게 된다는 말이다.

또한 조선시대 문신이자 성리학자인 율곡 이이는 몸과 마음을 강건히 하는 방법에 대해 다음과 같이 말했다.

"발은 무겁게, 손은 공손하게, 눈은 단정하게, 입은 다물고, 목소리는 조용하게, 머리는 바르게, 기운은 엄숙하게, 서 있는 것은 반듯하게, 얼굴빛은 씩씩하게 가져야 한다."

이이가 제시한 9가지 방법을 실행에 옮긴다면 몸과 마음을 강건하게 하는 데 큰 도움이 될 것이다. 몸과 마음이 강건한 것, 그것은 축복 중에 제일의 축복이다.*

To you wavering in the face of life's hardships

CHAPTER 10

# 책을 읽는 사람이 알아야 할 세 가지

091

# 감사할수록 인생이 풍요롭다

어떤 일을 할 때 우리는 현재 가지고 있지 않은 일에만 주의를 기울인다. 하지만 그 일이 이미 일어났다고 생각하면, 우리는 그것을 현실로 가시화할 힘을 내게 된다. '감사'가 가장 핵심적인 요소이며, 이만큼 중요한 것은 없다. - 제임스 튀먼

"어떤 일을 할 때 우리는 현재 가지고 있지 않은 일에만 주의를 기울인다. 하지만 그 일이 이미 일어났다고 생각하면, 우리는 그것을 현실로 가시화할 힘을 내게 된다. '감사'가 가장 핵심적인 요소이며, 이만큼 중요한 것은 없다."

이는 세계평화전문가인 제임스 튀먼James Tumon이 한 말로 우리가 진정 감사한 삶을 살고 싶다면, 현재 가지고 있지 않은 일에만 주의를 기울이지 말고, 있는 것에 대해 감사하면 더욱 감사하게 살아갈 일이 주어진다는 것을 의미한다.

그렇다. 사람들은 자신 곁에 있는 것에 대해서는 당연하다 여겨 감사할 줄을 모른다. 그러다 막상 자신에게서 보이지 않을 때에야 그것에 대해 아쉬워하며 감사하지 못한 것을 후회하곤 한다.

이 세상에 존재하는 모든 것은 반드시 필요하기 때문에 존재한다. 그렇지 않다면 그것이 존재할 이유가 없다. 그리고 살아가면서 겪게 되는 역경을 이겨낼 수 있다면 그 역경은 축복으로 다가온다. 역경을 딛고 성공한 이들이 그것을 잘 말해준다.

세상에 존재하는 모든 것, 역경과 고난에 대해 감사한 마음을 갖는다는 것은 자신의 삶에 대한 감사이기에 매우 중요하다.

자기계발컨설턴트인 존 디마티니John Demartini는 이렇게 말했다.

"이 세상에 존재하는 모든 사람, 장소, 사물, 생각, 사건들은 당신이 꿈꾸는 완전한 삶을 이루는 데 꼭 필요한 부분들이다. 역경 속에는 반드시 숨겨진 축복이 들어 있고, 일보 후퇴는 새로운 도약을 위한 준비이다. 이것이 바로 감사이다."

또한 오프라 윈프리는 감사에 대해 다음과 같이 말했다.

"당신이 바라는 것이 확장되기를 추구한다면, 그리고 인생의 행복을 추구한다면, 당신은 원하는 것보다 더 큰 것을 이뤄낼 수 있다. 내 인생에서 어떤 일이 일어나든 감사하는 법을 배웠을 때 기회, 사람들과의 관계, 심지어는 부富까지도 내게로 다가왔다."

오프라 윈프리의 말은 왜 감사하는 마음으로 살아야 하는지를 잘 알게 한다. 대개의 사람들은 감사할 일이 있어야 감사하는 걸로 안다. 매사에 감사하면 감사한 일이 생긴다는 것은 잘 모른다.

감사하며 살기 위해서는 어떻게 해야 할까?

첫째, 지금까지 잘 살아올 수 있음에 감사하자.

둘째, 현재 자신이 하는 일에 대해 진실로 감사하자.

셋째, 가족이 함께함을 마음 깊이 감사하자.

넷째, 푸른 하늘과 맑은 공기를 매일 바라보고 마실 수 있음에 감사하자.

다섯째, 누군가에게 도움을 줄 수 있음에 감사하자.

여섯째, 자유와 평화를 누리며 살고 있음에 대해 감사하자.

일곱째, 차를 마시며 마음의 여유를 즐길 수 있음에 감사하자.

여덟째, 따뜻한 집에서 등 따습게 지낼 수 있음을 감사하자.

아홉째, 누군가로부터 위안을 받고 용기를 낼 수 있음에 대해 감사하자.

열째, 날마다 일용할 양식을 먹을 수 있음에 대해 감사하자.

감사해야 할 일은 많지만 무엇을 감사해야 할지 몰라서 못한다면, 앞의 열 가지 방법대로 감사하라. 감사하는 마음을 갖게 되는 순간 마음이 따뜻해져 오는 것을 경험하게 된다. 또 그와 더불어 자신이 하는 일이 즐거워지고 자신감이 충만하게 될 것이다.*

092

# 참다운 성공이란 무엇인가

성공이 행복의 열쇠가 아니라 행복이 성공의 열쇠다. 자신이 일을 진심으로 사랑하는 사람이라면 그는 이미 성공한 사람이다. - 앨버트 슈바이처

일반적인 관점에서 성공이란 많은 부를 축적하는 것, 높은 자리에 오르는 것 등으로 생각할 수 있다. 성공을 물질과 자리 등으로 정의하는 것은 겉으로 드러나는 것으로써 누구나 공감할 수 있기 때문이다.

그러나 성공이란 다양한 시각으로 정의할 수 있다. 사람에 따라 성공에 대한 기준이 다르기 때문이다. 성공을 단지 물질이나 자리로 정의한다면 이는 속물적인 시각을 벗어날 수 없다.

보편적인 성공의 정의를 벗어난, 성공의 정의에 대해 앨버트 슈바이처Albert Schweitzer는 다음과 같이 말했다.

"성공이 행복의 열쇠가 아니라 행복이 성공의 열쇠다. 자신이 일을 진심으로 사랑하는 사람이라면 그는 이미 성공한 사람이다."

앨버트 슈바이처의 '행복이 성공의 열쇠'라는 말은 무슨 일을 하

더라도 마음이 행복하면 그것이 곧 성공이란 것을 의미한다. 다시 말해 앨버트 슈바이처의 관점에서 볼 때 사람이 물질적으로 성공을 하고 높은 자리에 올라도 행복하지 않다면 그것은 진정한 성공이라고 할 수 없다. 하지만 보잘것없는 일을 하더라도 또는 적은 돈을 벌더라도 행복하다면 그것은 성공이라고 할 수 있다.

미국의 사상가이자 시인인 랠프 왈도 에머슨 또한 성공에 대한 자신의 생각을 〈성공이란〉이라는 시를 통해 말하고 있다.

자주 그리고 많이 웃는 것
현명한 사람들로부터 존경받는 것
아이들의 호감을 사는 것
솔직한 비평가들의 인정을 받는 것
미덥지 못한 친구들의 배반을 참아내는 것
아름다움을 식별할 줄 아는 것
다른 사람에게서 최선의 것을 발견하는 것

건강한 아이를 낳든
한 뙈기의 정원을 가꾸든
사회 환경을 개선하든 간에
세상을, 자기가 태어나기 전보다
조금이라도 더 살기 좋은 곳으로 만드는 것

자신이 살았었기에
단 한 사람이라도 좀 더 마음 놓고 살아간다는
사실을 아는 것

이것이 성공이다

에머슨의 시에서 보듯 성공이란 물질이나 자리가 아니라 마음으로부터 얻는 행복, 보람된 일, 인정받는 것, 존경을 받는 것, 자기가 태어나기 전보다 세상을 더 살기 좋게 만든 일이라는 것을 알 수 있다.

슈바이처와 에머슨이 말하는 공통된 성공은 '인간적이고 행복한 삶'을 말한다. 자신이 무엇을 하든 행복하면 된다. 그것이야말로 자신에게는 참다운 성공이기 때문이다.*

093

## 극복할 수 없는 문제란 없다

문제에 직면했을 때는 왜 그런 문제에 봉착하게 되었는지를 분석하고 위기를 기회로 바꿀 수 있는 방법을 강구해야 한다. 세상에 극복할 수 없는 문제란 없다. – 돈 에직

사람은 누구나 살아가는 동안 많은 문제에 봉착하게 된다. 사람은 완벽한 존재가 아니라 불완전한 존재이기 때문이다. 그런데 사람들은 자기에게만은 문제가 없었으면 하고 바란다. 하지만 그것은 바람일 뿐 문제는 예고 없이 온다.

불완전한 존재인 사람이 문제를 두려워하는 것은 당연한 일이다. 그러나 그렇다고 두려워해서는 안 된다. 모든 문제는 원인이 있고, 그 문제를 풀 수 있는 답도 있다. 문제를 두려워하지 말고 어떻게 하면 문제를 풀 수 있을지를 생각해야 한다.

자기계발동기부여가인 돈 에직Don Essig은 말한다.

"아무런 걱정도, 문제도 없다면 인생이 얼마나 즐거울까? 누구나 한 번쯤 이런 생각을 해보았을 것이다. 하지만 문제없는 인생이란 있을 수 없다. 이런 생각은 그저 환상에 지나지 않는다. 우리가

할 수 있는 최선은 문제가 무엇인지 정확히 간파하고 그 상황을 개선할 수 있는 계획을 세운 다음 그대로 실천하는 것이다. 즉, 문제에 직면했을 때는 왜 그런 문제에 봉착하게 되었는지를 분석하고 위기를 기회로 바꿀 수 있는 방법을 강구해야 한다. 세상에 극복할 수 없는 문제란 없다."

돈 에직의 말처럼 문제를 해결하기 위해서는 무엇이 문제인가를 간파해서 그 문제를 풀 수 있도록 하면 문제를 해결함으로써 위기를 기회로 만들 수 있다.

문제를 명쾌하게 해결하기 위해서는 어떻게 해야 할까?

이에 대해 강연가이자 자기계발동기부여가인 노만 V. 피일 박사는 10가지 문제 해결법을 제시하였다.

첫째, 어떤 문제도 반드시 해결될 수 있다는 굳은 신념을 가져라.

둘째, 고요한 마음으로 묵상하며 최대한 평안한 마음을 가져라.

셋째, 무리하게 문제를 해결하려고 하지 마라. 순리를 따라 차근차근 해결하라. 문제 뒤엔 항상 답이 있는 법이다.

넷째, 주관적인 편견을 버리고 한발 떨어져서 객관적으로 문제점을 바라보라. 처음엔 희미하나 또렷하게 보이게 될 것이다.

다섯째, 문제점을 메모지에 하나씩 적어보라. 그리하면 좀 더 생각이 분명하게 될 것이다.

여섯째, 문제점에 대해 기도하라. 기도를 하면 안 보이던 길이 보일 것이다.

일곱째, 인생의 선배나 스승에게 지혜를 구하라. 사람 사는 법은 누구나 같다. 지혜를 구하는 것도 문제 해결의 한 방편이다.

여덟째, 책을 읽어라. 책 속에 수많은 해답이 숨어 있다.

아홉째, 낯선 곳으로 여행을 하라. 새롭게 기분을 전환시키는 것도 문제를 해결하는 좋은 방법이다.

열째, 현실에서 피하지 말고 적극적으로 대응하는 자세를 가져라. 적극적이고 능동적인 자세야말로 문제를 해결할 수 있는 최고의 방법이다.

노만 V. 피일 박사의 '문제를 명쾌하게 해결하는 10가지'를 마음에 새겨 이를 적극 활용한다면 문제를 해결하는 데 많은 도움이 될 것이다.

세상에 극복하지 못할 문제는 없다. 모든 문제는 삶 속에서 생겨나고, 모든 해답 또한 삶 속에 있다.*

094

# 적당히 마시고 적당히 즐겨라

음주는 일시적인 자살이다. 음주가 갖다 주는 행복은 단순히 소극적인 것이며 불행을 일시적으로 가리는 행위에 지나지 않는다. - 버트런드 러셀

술은 기호식품으로 음식의 일종이다. 술을 먹는다는 것은 음식을 먹는 것과 같다. 술은 적당히 먹으면 혈액순환에 도움이 되고, 기분을 상승시키는 효과가 있지만 지나치면 건강을 해치기도 한다. 술 속에 들어 있는 알코올 성분 때문이다.

술은 적당히 마시면 좋은데 그것이 쉽지 않은 게 문제다. 의지가 강한 사람은 이를 잘 지키면서 술을 마시지만 그렇지 못한 사람은 처음엔 술을 마시다 나중엔 술이 사람을 마시는 격이 되고 만다. 그러다 보니 이런 음주습관으로 인해 건강을 해치게 된다. 또한 음주를 하고 사람들과 시비가 붙기도 하고, 고성방가로 주변 사람들에게 피해를 주기도 한다.

그리고 음주 운전으로 교통사고를 유발시킴으로써 자신은 물론 상대에게도 심각한 피해를 준다. 지나친 음주는 항상 문제를 야기

한다. 음주로 기분을 풀거나 행복을 추구한다는 것은 일시적인 일일 뿐 해가 되는 경우가 더 많다.

영국의 철학자이자 작가인 버트런드 러셀Bertrand Russel은 이렇게 말했다.

"음주는 일시적인 자살이다. 음주가 갖다 주는 행복은 단순히 소극적인 것이며 불행을 일시적으로 가리는 행위에 지나지 않는다."

러셀의 말에 비추어볼 때 음주는 장점보다는 부정적인 면이 더 많다는 걸 알 수 있다.

술의 부정적인 영향에 대해 《탈무드》는 말한다.

"악마가 인간들을 찾아다니기 바쁠 때는 대신 술을 보낸다."

또한 아우구스티누스는 이렇게 말했다.

"술은 사람을 매료시키는 악마이고 달콤한 독약이며 기분 좋은 죄악이다."

러셀과 《탈무드》와 아우구스티누스의 말은 지나친 음주에 대해 경고하는 말로, 술의 부정적인 의미를 잘 말해준다.

술은 적당히 마시면 건강에 도움을 주고, 사람들과의 관계를 매끄럽게 해주고, 기분을 좋게 해준다. 술을 마시는 사람이 지나치지 않도록 술을 조절할 수 있다면 음주는 문제가 되지 않는다.

이에 대해 《명심보감明心寶鑑》은 다음과 같이 말한다.

"술이 사람을 취하게 하는 것이 아니라 사람이 스스로 취하는 것이다."

《명심보감》의 말을 마음에 새겨 실행에 옮길 수 있다면 술은 악마가 자기 대신 보낸 것이 아닌, 건강에 도움을 주고 기분을 좋게 만드는 묘약이 될 것이다.*

095

## 책을 읽는 사람이 알아야 할 세 가지

책을 읽는 사람은 세 가지 가르침을 지켜야 한다. 책을 가지고 있으면서 읽지 않는 사람, 책에서 사회에 유익한 교훈을 끌어내지 못하는 사람, 책을 읽고 자신의 생각을 끌어내지 못하는 사람은 소중한 세 아이를 잃는 것과 같다. -《탈무드》

책의 실리와 효용성의 가치에 대해 고대 그리스의 대철학자 소크라테스Socrates는 이렇게 말했다.

"남이 고생하여 얻은 지식을 아주 쉽게 내 것으로 만들 수 있고, 그것으로 자기 발전을 이룰 수 있다."

소크라테스의 말은 책을 왜 읽어야 하는지를 명확하게 보여주는 매우 실체적인 말이라고 할 수 있다.

한 권의 책이 만들어지기까지는 저자의 많은 노력이 있어야 한다. 책을 쓰기 위해 온갖 수고를 들이고, 자료를 모으고 분석하며, 발로 뛰어야 할 일이 있으면 여기저기 쫓아다녀야 한다. 이러한 노력을 기울인 끝에 만들어진 책이고 보면 책은 그냥 책이 아니라 저자의 땀방울이며, 생각이며, 사상이다. 이처럼 소중한 책을 통해 책 속에 담겨 있는 지식을 내 것으로 만드는 일은 돈보다 더한 가치가 있다.

이에 대해 마이크로소프트의 창업자인 빌 게이츠는 말했다.

"오늘의 나를 있게 한 것은 우리 마을 도서관이고, 하버드 졸업장보다 소중한 것이 독서하는 습관이다."

빌 게이츠의 말은 소크라테스가 한 말과 표현만 다를 뿐 같은 맥락으로 볼 수 있다. 빌 게이츠는 자신이 하는 일이나 세상을 살아가는 지식을 책에서 배웠던 것이다.

독서의 중요성은 이뿐만이 아니다. 책 속엔 지혜가 있어 책을 많이 읽으면 많은 지혜를 얻게 된다. 책은 지혜의 보고로 삶의 행복과 불행, 창의력과 상상력, 지식과 학문을 전달해준다.

이에 대해 프랑스 작가이자 《달과 6펜스》의 저자인 서머셋 모옴Somerset Maugham은 다음과 같이 말했다.

"책 읽는 습관을 들인다는 것은 인생의 거의 모든 불행으로부터 스스로를 지킬 피난처를 만드는 일이다."

책에는 인생의 불행을 막아주는 피난처, 즉 불행을 이기는 지혜가 들어 있음을 알 수 있다.

책을 읽는 사람이 지켜야 할 마음가짐에 대해 《탈무드》는 세 가지 관점에서 말한다.

"책을 읽는 사람은 세 가지 가르침을 지켜야 한다. 책을 가지고 있으면서 읽지 않는 사람, 책에서 사회에 유익한 교훈을 끌어내지 못하는 사람, 책을 읽고 자신의 생각을 끌어내지 못하는 사람은 소중한 세 아이를 잃는 것과 같다."

《탈무드》의 말은 효과적인 책 읽기의 중요성을 잘 알게 한다.

그렇다. 책을 가지고 있으면서 읽지 않는 것은 책에 대한 모독이다. 그것은 자신의 무식함을 드러내는 행위와 같다. 책을 읽고 책을 통해 깨달음을 얻어야 한다. 책은 깨달음과 인생의 유익함을 위한 것이 되어야 한다. 그리고 책을 통해 자신만의 생각을 만들어내야 한다. 그렇지 않다면 책 읽기는 무가치한 시간낭비가 될 수밖에 없다.

책은 인류가 만들어낸 최고의 발명품이자 문명의 보고이다.*

096

# 낡은 생각을 버리고 새로운 의견을 성취하기

낡은 생각을 버리고 새로운 의견을 성취해야 한다. 바람의 방향이 달라진 것을 모르고, 언제나 마찬가지로 돛을 달고 있는 뱃사공은 끝내 그 목적하는 항구에는 도착하지 못한다. - 헨리 조지

지금과 다른 삶을 살고 싶다면 지금과 같이 해서는 안 된다. 지금과는 다른 선택을 통해 다른 길을 가야 한다. 그러기 위해서는 변화를 두려워해서는 안 된다. 또한 자신의 생각에 사로잡혀서도 안 된다. 변화를 받아들이고 그것을 자신이 추구하는 쪽으로 끌고 가야 한다. 그러는 과정에서 자신의 생각이 부족하다 싶으면 다른 사람의 생각을 받아들여 자신의 입장에서 새롭게 하여 자기화 해야 한다.

그런데 변화의 필요성을 강하게 느끼면서도 자신의 생각에 갇혀 주저하는 이들이 많다. 그런 상태로는 그 어떤 변화도 이끌어내지 못한다. 변화의 강박에 시달리다 제풀에 지치고 말 뿐이다.

이에 대해 미국의 정치가이자 경제학자이며 《진보와 빈곤》의 저자 헨리 조지Henry George는 다음과 같이 역설하였다.

"우리는 자기 의견에 사로잡혀서는 안 된다. 낡은 생각을 버리고 새로운 의견을 성취해야 한다. 바람의 방향이 달라진 것을 모르고, 언제나 마찬가지로 돛을 달고 있는 뱃사공은 끝내 그 목적하는 항구에는 도착하지 못한다."

새로운 내가 되기 위해서는 낡은 생각은 버리고 새로운 의견을 받아들임으로써 자신의 부족함을 채워야 한다.

낡은 자신의 현재를 버리고 새로운 자신으로 변화시키기 위해서는 어떻게 해야 할까?

첫째, 항상 변화할 수 있도록 자신의 생각과 마음을 오픈시켜야 한다. 변화는 오픈 된 생각과 마음을 가질 때에만 가능하다. 탁월한 자기계발동기부여가인 데일 카네기는 이렇게 말했다.

"항상 마음을 변화시킬 수 있도록 열어두자. 변화를 환영하자. 대접하자. 자기 의견이나 생각을 몇 번이라도 검토하고, 고침으로 해서 인간은 성장할 수 있는 것이다."

둘째, 새로운 내가 되기 위해 노력하지 않은 모든 날들은 이미 잃어버린 시간일 뿐이라고 믿어야 한다. 낡은 생각과 마음은 새로운 내가 되는 데 전혀 도움이 되지 않는다. 그것은 이미 과거이며 지나간 것일 뿐이다. 영국의 시인이자 평론가인 새뮤얼 존슨은 이에 대해 다음과 같이 말했다.

"새로운 자기를 만들지 않은 날들은 모두 잃어버린 것으로 간주

하라."

셋째, 내가 변하지 않는 한, 그 어떤 새로움도 맞이할 수 없다.

내 삶의 주체는 나 자신이다. 어느 누구도 나의 주체가 될 수 없으며, 내가 변하지 않으면 그 어느 것도 달라지는 것은 없다. 지금과 다른 나로 살고 싶다면 내 삶의 주체인 내가 반드시 변화해야 한다. 영화배우인 론 제임스는 이에 대해 다음과 같이 말했다.

"당신이 변하지 않는 한, 이미 갖고 있는 것 말고는 아무것도 얻을 수 없다."

그렇다. 지금과 다른 자신으로 살고 싶다면 낡은 자신의 현재를 버리고 새로운 자신으로 변화되기 위한 세 가지를 마음에 새겨 실행으로 옮겨야 한다. 시도하지 않으면 그 어떤 것도 얻을 수 없다.*

097

## 불행을 딛고 슬기롭게 대처하기

불행은 때때로 유익한 자극제가 될 수 있다. 우리는 불행을 자신을 위하여 이용할 수 있는 것이다.
- 오노레 드 발자크

사람은 누구나 행복을 바란다. 불행을 바라는 사람은 없다. 불행은 삶을 피폐하게 하고, 절망으로 몰아간다. 불행에 빠지지 않는 것이 최선이겠으나, 한 치 앞을 내다보지 못하는 것 또한 인간이기에 원치 않는 불행으로 고통스러워한다. 하지만 마냥 고통스러워할 수만은 없다. 그것은 자신의 삶을 추락시키는 어리석은 일일 뿐이다. 불행 속에서도 행복으로 나아가는 길은 있다.

불행을 이기는 길은 불행을 딛고 일어서는 것이다. 불행은 극복하려고 노력하는 자에게는 힘을 쓰지 못한다. 꾸준히 노력을 가하다 보면 새로운 길이 열리게 된다.

프랑스 사실주의문학의 거장 오노레 드 발자크Honore de Balzac는 불행을 극복하는 방법에 대해 이렇게 말했다.

"불행을 불행으로 끝을 맺는 사람은 지혜가 없는 사람이다. 불행

앞에 우는 사람이 되지 말고, 불행을 하나의 출발점으로 이용하라. 불행을 모면할 길은 없다. 불행은 예고 없이 도처에서 우리를 기다리고 있다. 어떠한 총명도 미리부터 불행을 막을 길은 없다. 그러나 불행을 밟고 그 속에서 새로운 길을 발견할 힘은 우리에게 있는 것이다. 불행은 때때로 유익한 자극제가 될 수 있다. 우리는 불행을 자신을 위하여 이용할 수 있는 것이다."

발자크 또한 가난 속에서 최선을 다한 끝에 성공한 작가가 되었기에 불행을 극복하는 길은 불행을 이기는 것이라는 걸 뼈에 사무치게 경험했다. 그의 말은 불행을 극복한 산증인의 말로 깨우침을 주기에 부족함이 없다.

어떤 소년이 있었다. 그는 지독한 가난 속에서도 꿈을 잃지 않았다. 지금의 가난을 벗어버리고 자신이 원하는 일을 하고 싶었다. 그는 초등학교도 4년밖에 다니지 못했지만 꿈만큼은 대학 나온 사람보다도 더 컸다.

낮에는 공장에서 일하고 밤에는 졸음을 쫓아내며 글을 썼다. 글을 쓰는 동안에는 지금의 고통을 잊을 수 있었다. 글쓰기는 그에게 불행을 이기는 꿈이자 희망의 등불이었다. 그는 힘들게 쓴 원고를 출판사에 보냈다. 하지만 책을 내주는 곳은 없었다. 그러나 그는 포기하지 않았다. 그러자 운명처럼 기회가 찾아왔다. 책을 내주겠다며 출판사에서 소식을 전해 왔다. 그리고 마침내 그렇게도 원하던 책이 발간되었다.

그 후 그는 열정을 다해 글을 썼고, 그의 소설은 베스트셀러가 되었다. 그는 《크리스마스 캐럴》, 《위대한 유산》, 《두 도시 이야기》를 쓴 찰스 디킨스Charles Dickens이다. 그는 지독한 가난 속에서도 자신을 불행하다고 생각하지 않았다. 그냥 자신에게 주어진 운명이라고 생각했다. 그리고 최선을 다하자 행복이 찾아왔다.

불행을 경험하고 그것을 통해 지혜를 구하는 사람은 현명한 사람이다. 그러나 불행을 계속 불행으로 끌고 가는 사람은 어리석은 사람이다. 불행에 처했을 때 찰스 디킨스가 그랬듯, 불행을 딛고 슬기롭게 대처하는 강한 의지를 길러야 한다. 강한 의지와 신념만이 불행을 이겨내고 행복에 이르게 하는 길이 되어줄 것이다.*

098

## 필요한 것을 충족시킬 줄 아는 사람이 돼라

남에게 필요한 것을 알려주거나 창조해주고 그것을 충족시킬 줄 아는 사람은 전 세계 어디를 가나 여유만만하게 살 수 있다. 그러나 필요한 것을 충족시킬 줄 모르는 사람은 고독하게 살게 된다.
- 해리 A. 오버스트리트

누군가의 삶에 빛이 되고 의미가 되는 사람은 인생을 성공적으로 사는 사람이다. 남이 잘되게 도움을 주면 상대에게도 자신에게도 행복을 선물받기 때문이다. 남에게 받을 때도 행복하지만 남에게 줄 땐 더 큰 행복을 느끼게 된다.

마음이든, 지식이든, 지혜이든, 기술이든, 물질이든 내가 가진 것을 남에게 주는 것은 사랑을 나눠주는 것이다. 사랑을 나눠준다는 것은 나의 정성을 나누는 아름답고 고귀한 행위이다. 나눠줄 땐 손해를 보는 것 같지만 절대 그렇지 않다. 나눔으로써 자신은 그에 상응하는 대가를 받게 된다.

이에 대해 미국의 저명한 심리학자인 해리 A. 오버스트리트Hairy Overstreet는 이렇게 말했다.

"행동은 욕망의 소산이다. 그리고 경제계, 가정, 학교, 정치계,

예술계, 문화계 등 각 분야에 있는 사람들에게 해주어야 할 충고는 이것이다. 남에게 필요한 것을 알려주거나 창조해주고 그것을 충족시킬 줄 아는 사람은 전 세계 어디를 가나 여유만만하게 살 수 있다. 그러나 필요한 것을 충족시킬 줄 모르는 사람은 고독하게 살게 된다."

오버스트리트의 말에서 보듯 남이 필요로 하는 것을 충족시키는 행위는 곧 자신을 위하는 가치 있는 일이라는 것을 알 수 있다. 그러니까 단순히 남을 위한 것이 아니라 자신을 위하는 일인 것이다.

자신을 행복하게 사는 사람들은 자신만을 위해 살지 않는다. 자신을 사랑하고 아끼듯 다른 사람들에게도 의미 있는 인생이 되려고 노력한다. 사회란 나만을 위한 공간이 아니라 모두의, 모두에 의해, 모두를 위한 공간이다. 더불어 산다는 것은 모두가 하나가 되어 산다는 것을 의미한다.

《사랑의 등불 마더 테레사》의 저자인 루신다 바디Lucinda Vardey는 다음과 같이 말했다.

"이 순간 행복하십시오. 그것으로 족합니다. 우리에게 필요한 것은 매순간이지 그 이상이 아닙니다. 지금 행복하십시오. 그리고 당신이 가난한 사람을 포함하여 타인을 사랑한다는 것을 행동으로 보여준다면 그들은 행복해질 것입니다. 그렇게 하는 데 엄청난 수고가 드는 것은 아닙니다. 그저 미소만 지어도 될 때가 있습니다.

모든 사람이 웃을 수 있다면 세상은 훨씬 살기 좋은 곳이 될 것입니다. 웃으십시오. 기뻐하십시오. 쾌활하게 지내십시오."

루신다 바디의 말처럼 살 수 있다면 자신과 타인을 복되게 함으로써 행복한 삶을 살게 된다.

남을 충족시키기 위해서는 첫째, 자신의 재능을 아낌없이 기부하고, 둘째, 남이 원하는 것을 들어주고, 셋째, 남이 도움을 요청하면 거절하지 말고 기꺼이 도움이 되어주고, 넷째, 나의 사랑과 행복을 나누어주어야 한다.

나의 도움으로 누군가가 충족해하고 행복할 수 있다면 그것처럼 행복한 일은 없다. 누군가에게 의미 있는 인생이 되는 것, 그것은 곧 자신을 위한 일인 것이다.*

## 099 나의 삶을 바꿔줄 사람은 바로 자기 자신이다

누군가 나타나 이 어둠을 해치고 나의 삶을 바꿔 줄 것을 하염없이 꿈꾸었다. 그렇지만 그 사람이 나일 거라는 생각은 하지 못했다. - 애너 퀸들런

'내 인생은 나의 것'이라는 말이 있다. 내 인생은 아버지의 것도, 어머니의 것도, 형제의 것도, 친구들의 것도, 다른 사람들의 것도 아닌 오직 자신만의 것이다.

그런데 자신의 인생을 남에게 의존하려는 이들이 있다. 지치고 힘겨울 땐 누구나 한 번쯤은 그런 생각을 하곤 한다. 하지만 생각은 생각으로 끝나야 한다. 그것을 현실로 끌고 들어가려고 하는 것은 자신에게 비겁한 일이며 스스로를 못난 사람으로 만드는 어리석은 행동이다.

나는 누구보다도 소중한 존재이다. 나와 똑같은 사람은 이 세상 어디에도 없다. 다만 비슷한 사람만이 있을 뿐이다. 이처럼 소중한 나를 왜 스스로 홀대하려고 하는가.

작가이자 〈뉴욕타임스〉의 칼럼니스트인 애너 퀸들런Anna Quindlen은 누군가가 나타나 자신의 삶을 바꿔주기를 간절히 기대하였다. 그러나 어느 누구도 그의 삶을 바꿔주지 않았다.

어느 날 문득 그는 깨달았다. 자신의 삶을 바꿔줄 수 있는 사람은 이 세상에 오직 한 사람, 바로 자기 자신이라는 것을. 그는 자신의 깨달음을 이렇게 표현하였다.

"나는 책을 읽고 밤바다를 거닐었다. 말도 안 되는 엉터리 문장들을 휘갈기면서 누군가 나타나 이 어둠을 해치고 나의 삶을 바꿔줄 것을 하염없이 꿈꾸었다. 그렇지만 그 사람이 나일 거라는 생각은 하지 못했다."

애너 퀸들런은 깊은 깨달음을 얻고 열심히 읽고 쓰고 한 끝에 《단 하나의 진실》을 씀으로써 미국을 대표하는 작가로 급부상하였다. 그리고 〈공적인 것과 사적인 것〉이라는 칼럼으로 퓰리처상을 수상하였다. 그는 이후 《어느 날 문득 발견한 행복》으로 밀리언셀러 작가가 되었다.

누군가에게 의존해 자신의 삶을 바꾸기를 갈망하던 애너 퀸들런은 자신의 못난 생각을 버리고 스스로 길을 찾은 끝에 성공적인 인생이 되었다.

자신을 스스로 격려하고 칭찬할 때 자신의 존재는 더욱 힘을 내게 되고 빛을 발하게 된다. 자신의 삶을 바꿔줄 사람은 오직 자기 자신이다. 그러기 위해서는 자신의 가치를 새롭게 창조시켜야 한다.

자신의 가치를 새롭게 창조하기 위해서는 어떻게 해야 할까.

첫째, 자신이 새롭게 추구하는 것을 계획하고 지금과는 다른 자세로 전력투구하라. 같은 시간도 2배, 3배로 써라.

둘째, 아무도 자신을 대신해서 새로운 가치를 찾아주지 않는다. 자신의 가치는 반드시 자신의 손으로 이루어야 한다.

셋째, 자신이 추구하는 분야에 대해 공부하라. 공부를 통해 늘 마음을 굳건히 하라.

넷째, 같은 뜻을 가진 이들과의 교류를 통해 정보를 수집하고 새로운 것이 있으면 자신의 것으로 만들어라.

다섯째, 돈을 목적으로 하지 말고, 자신의 자아를 실현하는 자세로 임하라. 그리하면 목적을 이룸으로써 자신의 가치를 고취시키게 된다.

여섯째, 생물학적 나이는 잊어야 한다. 꿈의 나이, 이상의 나이를 생각하라. 보다 더 젊게, 보다 더 유쾌한 상상을 하라.

일곱째, 현실에서나 꿈에서도 언제나 긍정적으로 생각하고 능동적으로 시도하라.

여덟째, 체면을 버려라. 그것은 걸림돌만 될 뿐이다.

아홉째, 오늘 하루를 즐겁게 시작하라. 마음이 즐거우면 기대 이상의 능력을 발휘하게 된다. 하루를 즐겁게 시작하는 습관을 들여라.

열째, 새로운 가치는 새로운 마음에서 출발한다. 언제나 처음 시작하듯 설레는 마음으로 실행하라.

자신이 원하는 삶을 살고 싶다면 자신의 가치를 새롭게 창조시키는 10가지를 마음에 새겨 꾸준히 실천하여 자신을 강하게 연마해야 한다. 강한 마음은 그 어떤 상황에서도 자신을 스스로 일어서게 하는 꿈과 희망의 원천이다.*

100

# 일관성 있는 태도를 유지하라

다른 사람들이 당신의 말에 주의 깊게 귀 기울이게
하기 위해서는 일관성 있는 태도를 보여야 한다.
일관성은 신뢰의 토대가 된다. - 리오넬 벨랑제

인간관계에 있어서나 일을 하는 데 있어 일관성을 유지하는 것이 좋다. 일관성 있는 태도는 '저 사람은 항상 변함이 없구나'라고 생각하게 만들어 상대에게 믿음과 신뢰를 준다.

하지만 일관성을 유지하지 못하고 이랬다저랬다 하면 '저 사람은 상황에 따라 얼마든지 자신을 유리하게 하기 위해 변할 수 있겠구나'라고 생각하게 함으로써 상대에게 불신을 주게 된다.

프랑스 파리 소르본 대학과 고등상공학교 부교수이자, 커뮤니케이션 교육 회사인 뉘아주 블랑 상토르 이뎁Nuages Blancs Centor Idep의 부사장인 리오넬 벨랑제는 다음과 같이 말했다.

"다른 사람들이 당신의 말에 주의 깊게 귀 기울이게 하기 위해서는 일관성 있는 태도를 보여야 한다. 일관성은 신뢰의 토대가 된다. 일관성으로 개인적인 평판이 좌우되기도 한다. 이러한 사실은 물론, 그 사실에 대한 인식은 매우 중요하다. 당신이 아주 간결한 발언을 하면서 동의나 지지를 얻어내려고 애쓸 경우 상대는 당신의 평판에 초점을 맞추기 때문이다."

《논어》〈이인편里仁篇〉에 일이관지一以貫之라는 말이 있다. '하나로써 그것을 꿰뚫었다'라는 뜻으로 처음부터 끝까지 변하지 않거나 초지일관 끝까지 밀고 나가는 것을 일러 하는 말이다. 이 말이 생긴 유래는 다음과 같다.

공자가 제자인 증자에게 물었다.

"증자야, 나의 도는 하나로써 꿰었도다."

이에 증자가 말했다.

"옳습니다."

공자가 나가자 제자들이 무엇을 이른 거냐고 물었다.

이에 증자가 말했다.

"선생님의 도는 충忠과 서恕일 뿐이다."

이는 무엇을 말하는가. 공자의 '도' 즉 깨달음의 본질은 오직 '충'과 '서'에 있음을 말한다. 이 이야기는 처음과 끝이 같다는 것으로 일관성에 대한 좋은 본보기이다. 공자가 수많은 제자들과 사람들로부터 존경을 받은 것은 일관성 있는 그의 학문과 사상, 말과 행동에 있다.

일관성 있는 태도를 기르기 위해서는 어떻게 해야 할까?

첫째, 자신만의 원칙을 세우고, 원칙에 따라 말하고 행동함으로써 이를 습관화시켜라.

둘째, 자신의 유리함을 좇아 이랬다저랬다 생각을 바꾸지 말아야 한다. 생각을 수시로 바꾸면 신뢰를 주지 못한다.

셋째, 상대방의 비위를 맞추기 위해 원하지 않는 선택을 해서는 안 된다. 상대방은 자신의 뜻을 따르는 것에 대해 만족해하면서도 일관성 없는 사람이라고 인식하게 된다.

넷째, 섣불리 말하고 단정 짓는 것을 조심하라. 섣부른 말과 행동은 실수를 유발하게 됨으로써 번복을 하게 된다. 번복하는 말과 행동은 일관성을 기르는 데 걸림돌이 될 뿐이다.

다섯째, 남의 말을 신중하게 듣되 줏대 없이 움직이지 마라. 귀가 얇은 것은 일관성을 기르는 데 전혀 도움이 되지 않는다.

일관성 있는 태도를 기르기 위해서는 이 다섯 가지 방법을 꾸준히 실천함으로써 습관을 들여야 한다. 일단 몸에 배면 일관성을 유지하게 됨으로써 사람들에게 믿음과 신뢰를 주게 된다.*

원하는 인생을 살고 싶은가?

그렇다면 무엇을 하든 자신에게 당당해야 한다.

자신에게 당당하면 스스로를 떳떳하게 생각할 뿐만 아니라

그 어떤 일에도 자신감을 잃지 않는다.

자신에게 당당하기 위해서는

스스로를 강하게 만들어야 한다.

**인생의 고난 앞에 흔들리는 당신에게**

**초판 1쇄 인쇄** 2020년 7월 10일
**초판 1쇄 발행** 2020년 7월 20일

**지은이** 김옥림
**펴낸이** 이태선
**펴낸곳** 창작시대사

**등록번호** 제2-1150호(1991년 4월 9일)
**주소** 경기도 고양시 덕양구 행주로 83번길 51-11(행주내동)
**전화** 031-978-5355 **팩스** 031-973-5385
**이메일** changzak@naver.com

**ISBN** 978-89-7447-231-3 03810

* 값은 뒤표지에 있습니다.